U0668273

行政事业单位
财务管理与审计应用研究

李 倩 范 玥 宋谊红 著

汕頭大學出版社

图书在版编目（CIP）数据

行政事业单位财务管理与审计应用研究 / 李倩，范玥，宋谊红著． -- 汕头 : 汕头大学出版社，2023.6
ISBN 978-7-5658-5068-4

Ⅰ．①行… Ⅱ．①李… ②范… ③宋… Ⅲ．①行政事业单位－财务管理－研究－中国 Ⅳ．① F812.2

中国国家版本馆 CIP 数据核字（2023）第 126228 号

行政事业单位财务管理与审计应用研究
XINGZHENG SHIYE DANWEI CAIWU GUANLI YU SHENJI YINGYONG YANJIU

作　　者：李　倩　范　玥　宋谊红
责任编辑：郭　炜
责任技编：黄东生
封面设计：刘梦杏
出版发行：汕头大学出版社
　　　　　广东省汕头市大学路 243 号汕头大学校园内　邮政编码：515063
电　　话：0754-82904613
印　　刷：廊坊市海涛印刷有限公司
开　　本：710mm×1000mm　1/16
印　　张：7.5
字　　数：130 千字
版　　次：2023 年 6 月第 1 版
印　　次：2024 年 4 月第 1 次印刷
定　　价：46.00 元
ISBN 978-7-5658-5068-4

PREFACE 前　言

在我国社会主义市场经济的发展过程中，行政事业单位充当着重要的角色。随着社会的快速发展与新政府会计制度的实施，我国行政事业单位财务管理发生了较大的变化：从功能型单位向管理型和服务型转变。行政事业单位强化财务管理工作对于提升其财务管理水平意义重大，必须要在多样化的经济浪潮中寻求符合自身进步的道路，进一步加强财务工作的管理，从而更有效地促进我国行政事业单位各项职能的履行。

基于此，本书以"行政事业单位财务管理与审计应用研究"为题，首先，阐述了行政事业单位财务管理理论，主要包括行政事业单位会计基础理论、行政事业单位的财务处理程序、行政事业单位的资产与负债、行政事业单位的收入与支出；其次，分析了行政事业单位财务管理应用，主要涵盖四个方面的内容，分别是行政事业单位预算管理、行政事业单位会计核算实践、行政事业单位资产和采购管理、行政事业单位内部控制研究；再次，论述了内部审计基础知识，主要内容有内部审计的特征与审计机构、内部审计的流程与技术方法、内部审计人员与内部审计管理方法；最后，重点研究了内部审计应用，主要包括经济责任审计的内容与程序、税务审计的主要方法与技术、财政预算决算审计与收支审计、国有企业审计与财务收支审计、自然资源资产审计流程与技术。

全书内容丰富，文字表述严谨，层次清晰，从行政事业单位财务管理相关的基础理论入手，拓展到行政事业单位财务管理与内部审计的实践，兼具理论与实践价值，可供广大相关工作者参考借鉴。

作者在撰写本书的过程中，得到了许多专家、学者的帮助和指导，在此表示诚挚的谢意。由于作者水平有限，书中所涉及的内容难免有疏漏之处，希望各位读者多提宝贵意见，以便作者进一步修改，使之更加完善。

CONTENTS 目 录

第一章　行政事业单位财务管理理论

新会计制度的实施对行政事业单位财务管理提出了更高要求。为了更好地适应社会经济发展并提高自身核心竞争力，对其进行深入研究具有非常重要的意义。本章重点阐述行政事业单位会计基础理论、行政事业单位的财务处理程序、行政事业单位的资产与负债、行政事业单位的收入与支出。

第一节　行政事业单位会计基础理论

一、行政事业单位会计及其特点

行政事业单位会计是适用于各级各类行政事业单位财务活动的一门专业会计。行政事业单位会计核算应当具备财务会计与预算会计双重功能，实现财务会计与预算会计适度分离并相互衔接，全面、清晰地反映行政事业单位财务信息和预算执行信息。行政事业单位财务会计核算实行权责发生制，行政事业单位预算会计核算实行收付实现制（国务院另有规定的，依照其规定执行）。行政事业单位会计核算的目标是向会计信息使用者提供与行政事业单位财务状况、事业成果、预算执行情况等有关的会计信息，反映行政事业单位受托责任的履行情况，有助于会计信息使用者进行管理、监督和决策。行政事业单位会计信息使用者包括人民代表大会、政府及其有关部门、行政事业单位自身和其他会计信息使用者。据此，行政事业单位会计具有以下主要特点：

（一）行政事业单位会计的主体——各级各类行政事业单位

"行政事业单位包括行政单位和事业单位。行政单位依法行使管理职能，维护社会公共秩序。事业单位一般是国家出资建设的，依法行使服务职能，不以营利为目的的公益性质的社会服务组织。随着我国市场经济的高速发展，行政事业单位也进入了发展的快车道，肩负着社会管理和服务职能及国家财政资金的使用，对国家经济发展具有十分重要的作用。"[①]

行政事业单位应当对其自身发生的经济业务或者事项进行会计核算。行政事业单位自身发生的经济业务或事项与同级财政总预算发生的经济业务或事项之间，既有重叠的地方，也有相互独立的地方。

例如，同级政府财政为行政事业单位支付日常人员经费，同级政府财政总预算会计应确认支出，行政事业单位会计也确认支出。但对于同级财政为行政事业单位支付购置办公设备的款项，同级政府财政总预算会计应记录支出，行政事业单位会计在记录支出的同时，还应记录固定资产。行政事业单位对设备计提折旧，同级政府财政总预算会计没有相应的经济业务或事项，但行政事业单位需要记录相应的经济业务或事项。

再如，事业单位利用取得的事业收入支付日常办公经费，事业单位会计形成支出，但财政总预算会计不形成支出。事业单位取得的非财政资金收入和发生的非财政资金支出，事业单位会计应确认相应的收入和支出，但对财政总预算会计来说，既没有收入，也没有支出。

（二）行政事业单位预算会计——反映行政事业单位预算执行情况

行政事业单位预算会计在反映行政事业单位预算执行情况时，采用的会计核算方法需要与相应的预算编制方法一致，只有这样，预算数与会计核算的决算数才具有可比性，会计核算的结果才能反映预算执行情况。由于行政事业单位预算区分基本支出预算和项目支出预算，基本支出预算又区分人员经费预算和日常公用经费预算，各种预算又分别安排财政拨款收入和其他相关收入，因此行政事业单位预算会计需要按照预算管理的相应要求，分别为各种预算组织会计核算，以分别反映各种预算的执行情况。行政事业单位预算会计核算行政事业单位预算执行情况，若没有相应的预算，也就没有相应的行政事业单位预算会计核算。

---

① 张林林. 行政事业单位会计核算存在的问题和对策 [J]. 质量与市场，2022(11)：136.

(三) 行政事业单位财务会计——反映行政事业单位财务状况

行政事业单位财务会计中的资产、负债和净资产三个会计要素构筑了行政事业单位财务状况。行政事业单位的资产不仅包括库存现金、银行存款、零余额账户用款额度、应收账款等货币性资产，还包括存货、固定资产、在建工程、无形资产等非货币性资产。有些行政单位的资产还包括政府储备物资、公共基础设施等特殊种类的资产。有些事业单位的资产还包括短期投资、长期投资等种类。行政事业单位的负债包括应缴财政款、应付职工薪酬、应交增值税、其他未交税金、应付及暂存款项、预提费用等。有些事业单位还包括短期借款、长期借款等。行政事业单位的净资产不仅包括累计盈余、无偿调拨净资产，事业单位的净资产还包括专用基金、权益法调整等。这与财政总预算会计的资产、负债和净资产的种类有很大的不同。行政事业单位财务会计如实反映单位的财务状况，有利于加强对行政事业单位资产、负债和净资产的管理。

二、行政事业单位会计核算的基本前提

行政事业单位会计的基本前提也称为行政事业单位会计的基本假设，是组织行政事业单位会计核算工作必须具备的前提条件。行政事业单位会计核算的前提条件包括会计主体、持续运行、会计分期和货币计量。

(一) 会计主体

会计主体是指行政事业单位会计为之服务的特定单位或组织，即行政事业单位会计核算的空间范围。行政事业单位会计主体应当对其自身发生的经济业务或者事项进行会计核算。行政事业单位会计主体包括国家各级政府及行政单位、各类事业单位。目前，我国各级各类行政事业单位通过编制单位决算、部门决算的方式，向人民代表大会提供单位或部门预算执行情况的信息。同时，各级各类行政事业单位通过编制单位财务报告，并在此基础上编制政府部门财务报告和政府整体财务报告，向有关方面提供相关信息。

(二) 持续运行

持续运行是指行政事业单位会计主体的经济业务活动将无限期地延续下去，是针对非持续经济业务活动而言的。行政事业单位会计核算应当以行政事业单位会计主体持续运行为前提。换言之，行政事业单位会计主体通常是以正常的经济活动作为前提条件去处理数据、加工并传递信息的。若没有持续运行的前提条件，一些公认的会计处理方法将失去存在的基础，行政事业单位会计主体也就不能按照正常的会计处理方法进行会计核算。

(三) 会计分期

会计分期是将行政事业单位会计主体持续运行的时间人为地划分为一定的期间，据以结算账目，编制会计报表，从而及时向有关方面提供会计信息。行政事业单位会计通常以一年作为划分会计期间的标准。以一年为一会计期间称为会计年度。我国的会计年度采用历年制，即每年 1 月 1 日至 12 月 31 日作为一个会计年度。其间还可以采用月度、季度和半年度。

会计期间的划分对行政事业单位会计核算有着重要的影响。由于有了会计期间，才产生本期与非本期的区别，才产生了权责发生制和收付实现制，才使不同类型的会计主体有了记账的基础。会计期间的划分，有利于及时提供信息，同时还有利于将各期的会计信息进行比较，从而有利于进行信息分析，提高信息的有用性。

(四) 货币计量

货币计量是行政事业单位会计核算以人民币作为记账本位币。如果发生外币收支，应当按照中国人民银行公布的人民币外汇汇率折算为人民币核算。对于业务收支以外币为主的行政事业单位，也可以选定某种外币作为记账本位币。但在编制会计报表时，应当按照编报日期的人民币外汇汇率折算为人民币反映。货币计量可以使得各种经济业务在数量上有一个统一的衡量标准，即人民币"元"，从而使得相同或者不同的经济业务在数量上可以进行相加或相减，得出富有意义的财务信息。

货币计量是现代会计最基本的前提条件，如果没有这个前提条件，会计就失去了其基本的特征——价值核算。

第二节　行政事业单位的财务处理程序

一、账务处理程序

填制会计凭证、登记账簿和编制会计报表是会计信息系统中信息输入、信息加工处理和信息输出的三个重要阶段，也是进行会计核算的三个基本环节。各单位具体的账务处理程序虽有差异，但基本程序都是一致的，即"证—账—表"。

会计凭证可再分解为原始凭证（也称原始单据）和记账凭证。账务处理程序是指从填制、审核原始凭证，填制、审核记账凭证，登记各种账簿，到编制会计报表的整个过程的业务处理程序。"单、证、账、表"并不是各自孤立的，而是相互联系、互为依据的，构成了完整的会计信息生成及披露系统。

账务处理程序设计是会计制度设计的一项重要内容。我国会计工作者在长期的工作实践中，设计并采用了许多种账务处理程序，一般包括以下五种：

（1）记账凭证账务处理程序。

（2）汇总记账凭证账务处理程序。

（3）科目汇总表账务处理程序。

（4）多栏式日记账账务处理程序。

（5）日记总账账务处理程序。

以上各种账务处理程序的主要区别表现在登记总账的依据和方法上。

设计和采用科学合理的账务处理程序，可以保证会计核算的正确性、及时性，可以节省人力、物力和财力，提高会计工作效率，能够充分发挥会计的核算和监督作用。

每种账务处理程序都有各自的特点，各单位由于行业性质、经营规模和业务繁简程度不同，所使用的凭证和账簿的种类、格式等也不相同。每个单位都应根据自身的实际情况和具体条件确定所应采用的账务处理程序。

二、记账凭证账务处理程序

记账凭证账务处理程序是最基本的账务处理程序，是其他账务处理程序的基础，其特点是根据记账凭证逐笔登记总账。采用记账凭证账务处理程序，一般设置三栏式出纳账和总账以及多种格式的明细账，记账凭证既可采用通用格式，也可以采用专用格式。

记账凭证账务处理程序的一般步骤包括以下内容：

（1）根据原始凭证、原始凭证汇总表填制记账凭证。

（2）根据收付款凭证登记出纳账。

（3）根据记账凭证及所附原始凭证登记明细账。

（4）根据记账凭证逐笔登记总账。

（5）月末，将日记账、明细账分别与总账进行核对。

（6）月末，根据总账和明细账的资料编制会计报表。

上述程序中的（2）（3）（4）三个步骤并不是依次登记，而是分别进行的，其记账人员、记账时间各有不同：现金日记账、银行存款日记账由出纳员每日序时逐笔地进行登记，各种明细分类账由不同岗位的若干会计人员每日及时地进行登记，总分类账由总账会计可以每隔几日集中进行登记。

三、科目汇总表账务处理程序

科目汇总表账务处理程序又称记账凭证汇总表账务处理程序，是指先根据记账凭证定期编制科目汇总表，再根据科目汇总表登记总分类账的一种账务处理程序。科目汇总表账务处理程序的特点是先将所有记账凭证汇总编制成科目汇总表，然后以科目汇总表为依据登记总分类账。

科目汇总表账务处理程序的一般步骤包括以下内容：

（1）根据有关原始凭证填制汇总原始凭证。

（2）根据原始凭证或汇总原始凭证填制记账凭证。

（3）根据收款凭证、付款凭证逐笔登记库存现金日记账和银行存款日记账。

（4）根据原始凭证、汇总原始凭证和记账凭证登记各种明细分类账。

（5）根据各种记账凭证编制科目汇总表。

（6）根据科目汇总表登记总分类账。

（7）期末，将库存现金日记账、银行存款日记账和明细分类账的余额同有关总分类账的余额核对相符。

（8）期末，根据总分类账和明细分类账的记录编制财务报表。

四、汇总记账凭证财务处理程序

汇总记账凭证核算组织程序是定期根据记账凭证分类汇总，编制汇总记账凭证，并据以登记总分类账的一种核算组织程序。科目汇总表核算组织程序虽然大大减少了登记总账的工作量，但不能反映账户之间的对应关系，不便于经济业务的分析和检查，而汇总记账凭证核算组织程序正是针对此缺点而设计的，不仅能减少登账的工作量，而且还能体现经济业务的来龙去脉。汇总记账凭证分为汇总收款凭证、汇总付款凭证和汇总转账凭证，是定期分别根据收款凭证、付款凭证和转账凭证进行汇总编制的。汇总的间隔时间根据业务量多少而定，一般为五天或十天，每月汇总填制一张，月末结出合计数，把合计数登记到总账的相应账户中。

汇总记账凭证核算组织程序的一般步骤包括以下内容：

（1）根据原始凭证或汇总原始凭证编制记账凭证。

（2）根据收款凭证和付款凭证逐笔逐日登记现金日记账和银行存款日记账。

（3）根据原始凭证、汇总原始凭证和记账凭证逐笔登记各种明细分类账。

（4）根据一定时期的记账凭证，编制汇总收款凭证、汇总付款凭证和汇总转账凭证。

（5）期末根据汇总记账凭证登记总分类账。登记总账时，月末将汇总收款凭证中每一个账户的合计数计入"库存现金"和"银行存款"总账账户的借方，以及该账户的贷方；将汇总付款凭证中每一个账户的合计数计入"库存现金"和"银行存款"总账账户的贷方，以及该账户的借方；将每一张汇总转账凭证中每一个账户的合计数分别记入总账中有关账户的借方和贷方。

（6）期末将现金日记账、银行存款日记账以及各种明细分类账的余额及发生额合计数，分别与总分类账中有关账户的余额及发生额合计数核对相符。

（7）根据核对无误的总分类账和明细分类账记录和其他会计资料，编制账务报表。

第三节　行政事业单位的资产与负债

一、行政事业单位的资产

(一) 流动资产

1. 库存现金

行政事业单位库存现金是指行政事业单位为了满足单位运行过程中零星支付需要而保留的现金。行政事业单位应当严格按照国家有关现金管理的规定收支。现金的管理依照中国人民银行《现金管理条例》进行管理，一般根据开户单位的实际需要和距离银行远近等情况核定。其限额一般按照行政事业单位 3～5 天日常零星开支所需现金确定。对于边远地区和交通不便地区的开户单位的库存现金限额，可按多于 5 天但不得超过 15 天的日常零星开支的需要确定限额。本科目期末借方余额反映行政事业单位实际持有的库存现金。

库存现金核算的主要账务处理如下：

(1) 从银行等金融机构提取现金，按照实际提取的金额，借记本科目，贷记"银行存款"等科目；将现金存入银行等金融机构，按照实际存入的金额，借记"银行存款"等科目，贷记本科目。

(2) 对于因内部职工出差等原因借出的现金，按照实际借出的现金金额，借记"其他应收款"科目，贷记本科目；出差人员报销差旅费时，按照应报销的金额，借记有关科目，按照实际借出的现金金额，贷记"其他应收款"科目，按其差额，借记或贷记本科目。

(3) 对于因开展业务等其他事项收到现金，按照实际收到的金额，借记本科目，贷记有关科目；对于因购买服务 (或商品) 等其他事项支出的现金，按照实际支出的金额，借记有关科目，贷记本科目。

2. 银行存款

银行存款是指行政事业单位存放在银行和其他金融机构的货币资金。

按照国家现金管理和结算制度的规定，每个行政事业单位都要在银行开立账户，称为结算户存款，用来办理存款、取款和转账结算。本科目期末借方余额反映行政事业单位实际存放在银行或其他金融机构的款项。

银行存款的主要账务处理如下：

（1）将款项存入银行或其他金融机构，借记本科目，贷记"库存现金""事业收入""经营收入"等有关科目。

（2）提取和支出存款时，借记有关科目，贷记本科目。

3.零余额账户用款额度

对于本科目核算实行国库集中支付的行政事业单位，应根据财政部门批复的用款计划收到和支用的零余额账户用款额度。

零余额账户用款额度的主要账务处理如下：

（1）在财政授权支付方式下，收到代理银行盖章的"授权支付到账通知书"时，根据通知书所列数额，借记本科目，贷记"财政补助收入"科目。

（2）按规定支用额度时，借记有关科目，贷记本科目。

（3）从零余额账户提取现金时，借记"库存现金"科目，贷记本科目。

（4）因购货退回等发生国库授权支付额度退回的，属于以前年度支付的款项，按照退回金额，借记本科目，贷记"财政补助结转""财政补助结余""存货"等有关科目；属于本年度支付的款项，按照退回金额，借记本科目，贷记"事业支出""存货"等有关科目。

4.短期投资

行政事业单位短期投资是指行政事业单位依法取得的，持有时间不超过1年（含1年）的投资。行政事业单位进行短期投资时应当严格遵守国家法律、行政法规以及财政部门、主管部门关于对外投资的有关规定。

短期投资的主要账务处理如下：

（1）在取得短期投资时，应当按照其实际成本（包括购买价款以及税金、手续费等相关税费）作为投资成本，借记本科目，贷记"银行存款"等科目。

（2）短期投资持有期间收到利息时，按实际收到的金额，借记"银行存款"科目，贷记"其他收入——投资收益"科目。

（3）出售短期投资或到期收回短期国债本息，按照实际收到的金额，借记"银行存款"科目，按照出售或收回短期国债的成本，贷记本科目，按其差额，贷记或借记"其他收入——投资收益"科目。本科目期末借方余额反映行政事业单位持有的短期投资成本。

5. 财政应返还额度

财政应返还额度是指实行国库集中支付的行政事业单位应收财政返还的资金额度。本科目应当设置"财政直接支付""财政授权支付"两个明细科目，进行明细核算。

6. 应收票据

行政事业单位应收票据是指行政事业单位持有的、尚未到期兑现的商业票据，它是一种载有一定付款日期、付款地点、付款金额和付款人的无条件支付的流通证券，也是一种可以由持票人自由转让给他人的债权凭证。行政事业单位应收票据科目核算其因开展经营活动销售产品、提供服务等而收到的商业汇票，包括银行承兑汇票和商业承兑汇票。本科目应当按照开出、承兑商业汇票的单位等进行明细核算。本科目期末借方余额反映行政事业单位持有的商业汇票票面金额。

7. 应收账款

应收账款核算行政事业单位因开展经营活动销售产品、提供服务等而应收取的款项。应收账款是指行政事业单位在结算过程中形成的短期债权，它代表了行政事业单位未来收取现金、得到商品或劳务等各类经济利益的权利。本科目应当按照购货、接受劳务单位（或个人）进行明细核算。本科目期末借方余额反映行政事业单位尚未收回的应收账款。

8. 其他应收款

其他应收款是行政事业单位应收款项的重要组成部分。其他应收款科目核算行政事业单位除财政应返还额度、应收票据、应收账款、预付账款以外的其他各项应收及暂付款项，如职工预借的差旅费、拨付给内部有关部门的备用金、应向职工收取的各种垫付款项等。

本科目应当按照其他应收款的类别、债务单位（或个人）进行明细核算。本科目期末借方余额反映行政事业单位尚未收回的其他应收款。

9. 预付账款

预付账款是行政事业单位结算中的资金占用，反映了行政事业单位的短期债权。预付账款核算行政事业单位按照购货、劳务合同规定预付给供应单位的款项。预付账款应当按照供应单位(或个人)进行明细核算。

行政事业单位应当通过明细核算或辅助登记方式，登记预付账款的资金性质(区分财政补助资金、非财政专项资金和其他资金)。本科目期末借方余额反映行政事业单位实际预付但尚未结算的款项。

10. 存货

存货是指行政事业单位在开展日常活动中持有的为耗用而储蓄的资产。

存货科目核算行政事业单位在开展业务活动及其他活动中为耗用而储存的各种材料、燃料、包装物、低值易耗品及达不到固定资产标准的用具、装具、动植物等的实际成本。行政事业单位随买随用的零星办公用品可以在购进时直接列作支出，不通过本科目核算。本科目期末借方余额反映行政事业单位存货的实际成本。

存货科目应当按照存货的种类、规格、保管地点等进行明细核算。行政事业单位应当通过明细核算或辅助登记方式，登记取得存货成本的资金来源(区分财政补助资金、非财政专项资金和其他资金)。发生自行加工存货业务的行政事业单位应当在本科目下设置"生产成本"明细科目，归集核算自行加工存货所发生的实际成本(包括耗用的直接材料费用、发生的直接人工费用和分配的间接费用)。

(二) 非流动资产

1. 长期投资

长期投资科目核算行政事业单位依法取得的，持有时间超过1年(不含1年)的股权和债权性质的投资。行政事业单位应当严格遵守国家法律、行政法规以及财政部门、主管部门有关行政事业单位对外投资的规定。"长期投资"科目应当按照长期投资的种类和被投资单位等进行明细核算。本科目期末借方余额反映行政事业单位持有的长期投资成本。

2. 固定资产

行政事业单位固定资产指行政事业单位使用年限在1年以上、单位价值在1000元以上，专用设备1500元以上，并在使用过程中基本保持原来物质形态的资产。单位价值虽未达到规定标准，但耐用时间在1年以上的大批同类物资也属于固定资产。

本科目核算行政事业单位固定资产的原价。本科目期末借方余额反映行政事业单位固定资产的原价。

行政事业单位的固定资产一般分为六类：①房屋及构筑物；②专用设备；③通用设备；④文物和陈列品；⑤图书、档案；⑥家具、用具、装具及动植物。

3. 累计折旧

"累计折旧"科目核算行政事业单位固定资产计提的累计折旧。"累计折旧"科目应当按照所对应固定资产的类别、项目等进行明细核算。

行政事业单位应当对除下列各项资产外的其他固定资产计提折旧：①文物和陈列品；②动植物；③图书、档案；④以名义金额计量的固定资产。

"累计折旧"科目期末贷方余额反映行政事业单位计提的固定资产折旧累计数。折旧是指在固定资产使用寿命内，按照确定的方法对应折旧金额进行系统分摊。

4. 在建工程

在建工程指对固定资产的新建、改建、扩建，或技术改造、设备更新和大修理工程等尚未完工的工程支出。"行政事业单位在建工程，包括单位自建自用、受托代其他单位建设和自建项目不能形成单位资产等多种情形，而各自的账务处理有所不同，在实际工作中容易混淆。"[1] 在建工程通常有自营和出包两种方式。自营在建工程指自行购买工程用料、自行施工并进行管理的工程。出包在建工程是指通过签订合同，由其他工程队或单位承包建造的工程。

本科目核算行政事业单位已经发生必要支出，但尚未完工交付使用的各种建筑（包括新建、改建、扩建、修缮等）和设备安装工程的实际成本。本科目应当按照工程性质和具体工程项目等进行明细核算。

行政事业单位的基本建设投资应当按照国家有关规定单独建账、单独核算，同时按照规定至少按月并入本科目及其他相关科目反映。

行政事业单位应当在本科目下设置"基建工程"明细科目，核算由基建账套并入的在建工程成本。有关基建并账的具体账务处理另行规定。

本科目期末借方余额反映行政事业单位尚未完工的在建工程发生的实

---

[1] 张华官，钱留宽. 行政事业单位在建工程账务处理解析 [J]. 预算管理与会计，2022(10)：30.

际成本。

5. 无形资产

无形资产是指行政事业单位持有的没有实物形态的可辨认非货币性资产。本科目核算行政事业单位无形资产的原价，应当按照无形资产的类别、项目等进行明细核算。本科目期末借方余额反映行政事业单位无形资产的原价。

6. 累计摊销

累计摊销是行政事业单位用于摊销无形资产的一种方式，其余额一般在贷方，贷方登记已计提的累计摊销。本科目核算行政事业单位无形资产计提的累计摊销，应当按照对应无形资产的类别、项目等进行明细核算。本科目期末贷方余额反映行政事业单位计提的无形资产摊销累计数。

行政事业单位应当对无形资产进行摊销（以名义金额计量的无形资产除外）。摊销是指在无形资产使用寿命内，按照确定的方法对应摊销金额进行系统分摊。

二、行政事业单位的负债

（一）流动负债

1. 短期借款

短期借款是行政事业单位向银行或其他金融单位借入的偿还期在1年以下（含1年）的各种借款。短期借款一般是行政事业单位为拓展业务需要，解决所需资金而临时性需要借入的、短期性的周转资金。

2. 应缴税费

应缴税费是指行政事业单位在业务活动中，按照国家税法有关规定应当缴纳的各种税费。包括增值税、城市维护建设税、教育费附加、车船税、房产税、城镇土地使用税、企业所得税等。

对于行政事业单位代扣代缴的个人所得税，也通过"应缴税费"科目核算。

行政事业单位应缴纳的印花税不需要预提应缴税费，直接通过支出等有关科目核算，不在"应缴税费"科目核算。

本科目应当按照应缴纳的税费种类进行明细核算。对于属于增值税一般纳税人的行政事业单位，其应缴增值税明细账中应设置"进项税额""已缴税金""销项税额""进项税额转出"等专栏。

"应缴税费"科目期末借方余额反映行政事业单位多缴纳的税费金额，"应缴税费"科目期末贷方余额反映行政事业单位应缴未缴的税费金额。

3. 应缴国库款

应缴国库款是指行政事业单位除应缴税费外，按规定缴入国库的款项。应缴国库款主要包括行政事业单位代收的纳入预算管理的基金、行政性收费收入、罚没收入、无主财物变价收入和其他按预算管理规定应上缴预算的款项。

"应缴国库款"科目期末贷方余额反映行政事业单位应缴入国库但尚未缴纳的款项。

4. 应缴财政专户款

应缴财政专户款是指行政事业单位按规定应缴入财政专户的款项。本科目应当按照应缴财政专户的各款项类别进行明细核算。

"应缴财政专户款"科目期末贷方余额反映行政事业单位应缴入财政专户但尚未缴纳的款项。

5. 应付职工薪酬

职工薪酬是指行政事业单位为获得职工提供的服务而给予的各种形式的报酬以及其他相关支出，包括基本工资、绩效工资、国家统一规定的津贴补贴、社会保险费、住房公积金等。本科目应当根据国家有关规定按照"工资（离退休费）""地方（部门）津贴补贴""其他个人收入"以及"社会保险费""住房公积金"等进行明细核算。

"应付职工薪酬"科目期末贷方余额反映行政事业单位应付未付的职工薪酬。

6. 应付票据

应付票据是指行政事业单位因购买材料、物资等而开出、承兑的商业汇票。按国家有关规定，单位之间只有在商品交易的情况下，才能使用商业票据结算方式，包括银行承兑汇票和商业承兑汇票。

"应付票据"科目期末贷方余额反映行政事业单位开出、承兑的尚未到期的商业汇票票面金额。

7. 应付账款

应付账款是指行政事业单位因购买物资或接受劳务等应付的款项。应付账款是基于买卖双方在购销活动中，因取得物资（或劳务）与支付货款在时间上的差异而产生的债务责任。应付账款与应付票据不同，虽然两者都是基于交易而引起的流动负债，但应付账款是尚未结清的债务，而应付票据是一种期票，是延期付款的证明。"应付账款"科目应当按照债权单位（或个人）进行明细核算。

"应付账款"科目期末贷方余额反映行政事业单位尚未支付的应付账款。

8. 预收账款

预收账款是指行政事业单位按合同规定向购货单位或接受劳务单位预收的款项。预收账款需要行政事业单位在一定时间内以交付货物或提供劳务来予以偿付。收到的款项是行政事业单位预收的款项，构成行政事业单位的一项负债。在行政事业单位按照合同如期交货或提供劳务后，预收账款转为收入，同时解除债务。

9. 其他应付款

其他应付款是指行政事业单位除应缴税费、应缴国库款、应缴财政专户款、应付职工薪酬、应付票据、应付账款、预收账款之外的其他各项偿还期限在 1 年内（含 1 年）的应付及暂收款项，如存入保证金等。

"其他应付款"科目期末贷方余额反映行政事业单位尚未支付的其他应付款。

（二）非流动负债

非流动负债是指除流动负债以外的负债。行政事业单位的非流动负债包括长期借款、长期应付款和预计负债。

1. 长期借款

长期借款是指行政事业单位经批准向银行或其他金融机构等借入的期限超过 1 年（不含 1 年）的各种借款本息。

行政事业单位应设置"长期借款"（2501）总账科目，核算其长期借款业务。本科目贷方登记长期借款的增加数，借方登记长期借款的减少数。本科目期末贷方余额反映行政事业单位尚未偿还的长期借款本息金额。

本科目应当设置"本金"和"应计利息"明细科目，并按照贷款单位和贷款种类进行明细核算。对于建设项目借款，还应按照具体项目进行明细核算。

长期借款的主要账务处理如下所述：

（1）借入各项长期借款。借入各项长期借款时，按照实际借入的金额，借记"银行存款"科目，贷记本科目（本金）。

（2）为建造固定资产、公共基础设施等应支付的专门借款利息。对于为建造固定资产、公共基础设施等应支付的专门借款利息，按期计提利息时，分别按以下情况处理：

第一，属于工程项目建设期间发生的利息，计入工程成本，按照计算确定的应支付的利息金额，借记"在建工程"科目，贷记"应付利息"科目。

第二，属于工程项目完工交付使用后发生的利息，计入当期费用，按照计算确定的应支付的利息金额，借记"其他费用"科目，贷记"应付利息"科目。

（3）计提其他长期借款的利息。按期计提其他长期借款的利息时，按照计算确定的应支付的利息金额，借记"其他费用"科目，贷记"应付利息"科目（分期付息、到期还本借款的利息）或本科目（应计利息、到期一次还本付息借款的利息）。

（4）归还长期借款本金、利息。到期归还长期借款本金、利息时，借记本科目（本金、应计利息），贷记"银行存款"科目。

2. 长期应付款

长期应付款是指行政事业单位发生的偿还期限超过1年（不含1年）的应付款项，如以融资租赁方式取得固定资产应付的租赁费等。

行政事业单位应设置"长期应付款"（2502）总账科目，核算单位长期应付款业务。本科目贷方登记长期应付款的增加数，借方登记长期应付款的减少数。本科目期末贷方余额反映单位尚未支付的长期应付款金额。

本科目应当按照长期应付款的类别以及债权人进行明细核算。

长期应付款的主要账务处理如下：

（1）发生长期应付款。发生长期应付款时，借记"固定资产""在建工程"

等科目，贷记本科目。

（2）支付长期应付款。支付长期应付款时，按照实际支付的金额，借记本科目，贷记"财政拨款收入""零余额账户用款额度""银行存款"等科目。涉及增值税业务的，相关账务处理参见"应交增值税"科目。

（3）无法偿付或债权人豁免偿还的长期应付款。无法偿付或债权人豁免偿还的长期应付款，应当按照规定报经批准后进行账务处理。经批准核销时，借记本科目，贷记"其他收入"科目。

核销的长期应付款应在备查簿中保留登记。

（4）质保金形成长期应付款。涉及质保金形成长期应付款的，相关账务处理参见"固定资产"科目。

3. 预计负债

预计负债是指核算行政事业单位对因或有事项所产生的现时义务而确认的负债，如对未决诉讼、担保等确认的负债。

行政事业单位应设置"预计负债"（2601）总账科目，核算行政事业单位预计负债业务。本科目贷方登记确认的预计负债金额，借方登记预计负债的冲销数。本科目期末贷方余额反映行政事业单位已确认但尚未支付的预计负债金额。

本科目应当按照预计负债的项目进行明细核算。

预计负债的主要账务处理如下：

（1）确认预计负债。确认预计负债时，按照预计的金额，借记"业务活动费用""经营费用""其他费用"等科目，贷记本科目。

（2）实际偿付预计负债。实际偿付预计负债时，按照偿付的金额，借记本科目，贷记"银行存款""零余额账户用款额度"等科目。

（3）对预计负债账面余额进行调整。根据确凿证据需要对已确认的预计负债账面余额进行调整的，按照调整增加的金额，借记有关科目，贷记本科目；按照调整减少的金额，借记本科目，贷记有关科目。

（三）受托代理负债

受托代理负债是指行政事业单位接受委托取得受托代理资产时形成的负债。受托代理负债应当在行政事业单位收到受托代理资产并产生受托代理义务时确认。

行政事业单位应当设置"受托代理负债"（2901）科目，核算行政事业单位受托代理负债业务。本科目贷方反映当期行政事业单位受托代理负债的增加，借方反映当期行政事业单位受托代理负债的减少。本科目期末贷方余额反映行政事业单位尚未交付或发出代理资产形成的受托代理负债金额。

本科目应当按照委托人等进行明细核算，对于属于指定转赠物资和资金的，还应当按照指定受赠人进行明细核算。

第四节　行政事业单位的收入与支出

一、行政事业单位的收入

（一）财政拨款收入

财政拨款收入是指行政事业单位按照核定的部门预算，从同级财政部门取得的各类财政拨款。其中，同级财政部门是指行政事业单位的预算管理部门。行政事业单位预算需要经过同级财政部门批准后才能开始执行。在实务中，大多数行政单位属于主管预算单位或一级预算单位，直接向同级政府财政部门申请取得财政拨款。大多数事业单位为二级或者二级以下预算单位，其预算首先需要上报其主管预算单位或者一级预算单位，并经其主管或者一级预算单位审核汇总后，再向同级政府财政部门申报取得财政拨款。无论是一级预算单位还是二级或者二级以下的预算单位，只要存在部门预算隶属关系，相应的行政事业单位都属于向同级政府财政部门申请取得财政拨款收入的单位。行政事业单位从非同级政府财政部门取得的经费拨款不作为财政拨款（预算）收入核算，而作为非同级财政拨款（预算）收入核算。各类财政拨款是指所有财政拨款，包括一般公共预算财政拨款和政府性基金预算拨款等。

财政拨款收入是行政事业单位开展业务活动的基本财力保证。行政单位履行行政职能或开展业务活动的资金主要甚至是全部源于财政拨款收入，公益一类事业单位的情况与行政单位相似，公益二类事业单位可以取得的财政拨款收入数额取决于其专业业务活动的特点以及通过开展专业业务活动可以从市场上取得的事业收入的数额。目前，事业单位在开展专业业务活动的业务收费须经政府部门批准，由政府部门实行统一管理。

为了核算财政拨款收入业务，行政事业单位财务会计应设置"财政拨款收入"总账科目。本科目可按照一般公共预算财政拨款、政府性基金预算财政拨款等拨款种类进行明细核算。期末，将本科目本期发生额转入本期盈余。结转后，本科目应无余额。

（二）事业收入

事业收入是指行政事业单位开展专业业务活动及辅助活动所取得的收入。所谓专业业务活动，是指行政事业单位根据本单位专业特点所从事（或开展）的主要业务活动。辅助活动是指与专业业务活动相关、直接为专业业务活动服务的单位行政管理活动、后勤服务活动及其他有关活动。

由于不同行业的行政事业单位开展的专业业务活动及其辅助活动的具体内容不尽相同，因此不同行业行政事业单位事业收入的种类也存在差异。根据相关行政事业单位行业财务制度的规定，行政事业单位的事业收入主要包括：①高等学校的事业收入；②中小学校的事业收入；③科学事业单位的事业收入；④文化事业单位的事业收入；⑤文物事业单位的事业收入；⑥广播电视事业单位的事业收入；⑦医院的事业收入；⑧基层医疗卫生机构的事业收入；⑨体育事业单位的事业收入。

为了核算事业收入业务，行政事业单位财务会计应设置"事业收入"总账科目。本科目应当按照事业收入的类别、来源等进行明细核算。对于行政事业单位因开展科研及其辅助活动从非同级政府财政部门取得的经费拨款，应当在本科目下单设"非同级财政拨款"明细科目进行核算。该科目平时贷方余额反映事业收入的累计数额。期末，将本科目本期发生额转入本期盈余，期末结转后，本科目应无余额。

（三）上级补助收入

上级补助收入是事业单位从上级单位取得的非财政性资金补助收入。它是由事业单位的上级单位用自身组织的收入或集中下级单位的收入拨给事业单位的资金，是上级单位用于调剂附属单位资金收支余缺的机动财力。

也就是说，事业单位按经费领拨关系取得的财政拨款收入不足以弥补正常业务活动的开支时，还可以向上级单位申请取得非财政性补助款。行政单位没有上级补助收入业务。

上级补助收入与财政拨款收入的主要差别：财政拨款收入源于同级财政部门，资金性质为财政资金；上级补助收入源于主管部门或上级单位，资金性质为非财政资金，如主管部门或上级单位自身组织的收入或集中下级单位的收入等。另外，财政拨款收入属于行政事业单位的常规性收入，是行政事业单位开展业务活动的基本保证；上级补助收入属于事业单位的非常规性收入，主管部门或上级单位一般根据自身资金情况和事业单位的需要，向事业单位拨付上级补助资金。

为了核算上级补助收入业务，事业单位财务会计应设置"上级补助收入"科目。本科目核算事业单位从主管部门和上级单位取得的非财政拨款收入。本科目应当按照发放补助单位、补助项目等进行明细核算。期末，将该科目本期发生额转入"本期盈余"科目。结转后，本科目应无余额。

（四）附属单位上缴收入

附属单位上缴收入是指行政事业单位附属独立核算单位按照有关规定上缴的收入。

附属单位上缴收入科目应当按照附属单位、缴款项目、《政府收支分类科目》中"支出功能分类"相关科目等进行明细核算。附属单位上缴收入中如有专项资金收入，还应按具体项目进行明细核算。期末结账后，本科目应无余额。

（五）经营收入

经营收入是指行政事业单位在专业业务活动及其辅助活动之外开展非独立核算经营活动取得的收入。

经营收入科目应当按照经营活动类别、项目、《政府收支分类科目》中"支出功能分类"相关科目等进行明细核算。期末结账后，本科目应无余额。

(六) 其他收入

其他收入是指行政事业单位除财政补助收入、事业收入、上级补助收入、附属单位上缴收入、经营收入以外的各项收入，包括投资收益、银行存款利息收入、租金收入、捐赠收入、现金盘盈收入、存货盘盈收入、收回已核销应收及预付款项、无法偿付的应付及预收款项等。

"其他收入"科目应当按照其他收入的类别、《政府收支分类科目》中"支出功能分类"相关科目等进行明细核算。对于行政事业单位对外投资实现的投资净损益，应单设"投资收益"明细科目进行核算。其他收入中如有专项资金收入 (如限定用途的捐赠收入)，还应按具体项目进行明细核算。期末结账后，本科目应无余额。

二、行政事业单位的支出

在行政事业单位中，费用属于财务会计要素，预算支出属于预算会计要素。费用是指行政事业单位在履行职责或开展业务活动中耗费的经济资源，按照不同的资源耗费目的和内容主要分为业务活动费用、行政事业单位管理费用、经营费用、资产处置费用、上缴上级费用、对附属单位补助费用、所得税费用和其他费用等种类。预算支出是指行政事业单位在履行职责或开展业务活动中实际发生的纳入部门预算管理的现金流出，按照不同的资金用途主要分为行政支出、事业支出、经营支出、上缴上级支出、对附属单位补助支出、投资支出、债务还本支出和其他支出等种类。前者应当按照权责发生制基础进行确认和计量，即在费用发生时予以确认，并按照实际发生额进行计量；后者应当按照收付实现制基础进行确认和计量，即在预算支出实际支付时予以确认，并按实际支付金额计量。

(一) 行政单位的业务活动费用与行政支出

1.行政单位的业务活动费用

行政单位的业务活动费用是指行政单位为实现其职能目标，依法履职或开展专业业务活动及其辅助活动所发生的各项费用，包括为履职或开展业务活动人员计提的薪酬、外部人员劳务费、领用的库存物品、动用发出的政府储备物资、相关长期资产的折旧和摊销、相关税费以及为履职或开展业务活动发生的其他各项费用。行政单位的业务活动费用依据权责发生制确认与计量。

为了核算业务活动费用业务，行政单位财务会计应设置"业务活动费用"总账科目。本科目应当按照项目、服务或者业务类别、支付对象等进行明细核算。为了满足成本核算需要，本科目下还可按照"工资福利费用""商品和服务费用""对个人和家庭的补助费用""对企业补助费用""固定资产折旧费""无形资产摊销费""公共基础设施折旧（摊销）费""保障性住房折旧费""计提专用基金"等成本项目设置明细科目，归集能够直接计入业务活动或采用一定方法计算后计入业务活动的费用。期末，将本科目本期借方发生额结转入"本期盈余"科目。结转后，本科目应无余额。

2. 行政单位的行政支出

行政支出是指行政单位履行其职责实际发生的各项现金流出。行政支出是行政单位为实现国家管理职能、完成行政任务所必须发生的各项资金支出。

为了全面反映行政单位各项行政资金支出的内容，便于分析和考核各项行政支出的实际发生情况及其效果，行政单位有必要对行政支出按照一定的标准进行适当的分类。

（二）事业单位的业务活动费用、单位管理费用与事业支出

1. 事业单位的业务活动费用与事业支出

（1）事业单位的业务活动费用。事业单位的业务活动费用是指事业单位为实现其职能目标，依法履职或开展专业业务活动及其辅助活动所发生的各项费用，包括为履职或开展业务活动人员计提的薪酬、外部人员劳务费、领用的库存物品、动用发出的政府储备物资、相关长期资产的折旧和摊销、相关税费以及为履职或开展业务活动发生的其他各项费用。

为核算业务活动费用业务，事业单位应设置"业务活动费用"总账科目。该科目应当按照项目、服务或者业务类别、支付对象等进行明细核算。为了满足成本核算需要，该科目下还可按照"工资福利费用""商品和服务费用""对个人和家庭的补助费用""对企业补助费用""固定资产折旧费""无形资产摊销费""公共基础设施折旧（摊销）费""保障性住房折旧费"和"计提专用

基金"等成本项目设置明细科目，归集能够直接计入业务活动或采用一定方法计算后计入业务活动的费用。

除从收入中提取专用基金外，事业单位为开展专业业务活动及其辅助活动所发生的业务活动费用的核算的会计处理方法如同行政单位发生的业务活动费用。

（2）事业支出。事业支出是指事业单位开展专业业务活动及其辅助活动实际发生的各项现金流出。事业支出是事业单位的最主要支出。

为了核算事业支出业务，事业单位应设置"事业支出"总账科目。本科目应当分别按照"财政拨款支出""非财政专项资金支出"和"其他资金支出"以及"基本支出"和"项目支出"等进行明细核算，并按照《政府收支分类科目》中"支出功能分类科目"的项级科目进行明细核算；"基本支出"和"项目支出"明细科目下应当按照《政府收支分类科目》中"部门预算支出经济分类科目"的款级科目进行明细核算，同时在"项目支出"明细科目下按照具体项目进行明细核算。年末，将本科目本年发生额中的财政拨款支出转入财政拨款结转，将本科目本年发生额中的非财政专项资金支出转入非财政拨款结转，将本科目本年发生额中的其他资金支出（非财政非专项资金支出）转入其他结余。年末结转后，本科目应无余额。

2. 事业单位的单位管理费用与事业支出

单位管理费用是指事业单位本级行政及后勤管理部门开展管理活动发生的各项费用，包括单位行政及后勤管理部门发生的人员经费、公用经费、资产折旧（摊销）等费用，以及由单位统一负担的离退休人员经费、工会经费、诉讼费、中介费等。

为了核算单位管理费用业务，事业单位财务会计应当设置"单位管理费用"总账科目。本科目应当按照项目、费用类别、支付对象等进行明细核算。为了满足成本核算需要，本科目下还可按照"工资福利费用""商品和服务费用""对个人和家庭的补助费用""固定资产折旧费""无形资产摊销费"等成本项目设置明细科目，归集能够直接计入单位管理活动或采用一定方法计算后计入单位管理活动的费用。期末，将本科目本期借方发生额结转入"本期盈余"科目。结转后，本科目应无余额。

（三）经营费用与经营支出

1. 经营费用

经营费用是指事业单位在专业业务活动及其辅助活动之外开展非独立核算经营活动发生的各项费用。

事业单位应当正确区分在开展专业业务活动及其辅助活动中形成的业务活动费用、在开展单位管理活动中形成的单位管理费用以及在开展非独立核算经营活动中形成的经营费用。事业单位开展的专业业务活动及其辅助活动以及单位管理活动也可统称为事业活动，事业活动与经营活动对应。如前所述，事业单位开展的非独立核算经营活动应当是小规模的，在公益一类事业单位中基本也是没有的。行政单位没有经营活动。

为了核算经营费用业务，事业单位财务会计应当设置"经营费用"总账科目。本科目应当按照经营活动类别、项目、支付对象等进行明细核算。为了满足成本核算需要，本科目下还可按照"工资福利费用""商品和服务费用""对个人和家庭的补助费用""固定资产折旧费""无形资产摊销费"等成本项目设置明细科目，归集能够直接计入单位经营活动或采用一定方法计算后计入单位经营活动的费用。期末，将本科目本期借方发生额结转入"本期盈余"科目。结转后，本科目应无余额。

2. 经营支出

经营支出是指事业单位在专业业务活动及其辅助活动之外开展非独立核算经营活动实际发生的各项现金流出。事业单位经营活动的主要内容和特点可参阅经营收入中的相关内容，此处不再重复阐述。事业单位的经营支出与经营预算收入相对应，属于预算会计中的核算内容；经营费用与经营收入相对应，属于财务会计中的核算内容。事业单位的经营预算收入减去经营支出后的差额为经营结余。

为了核算经营支出业务，事业单位预算会计应设置"经营支出"总账科目。本科目应当按照经营活动类别、项目、《政府收支分类科目》中"支出功能分类科目"的项级科目和"部门预算支出经济分类科目"的款级科目等进行明细核算。年末，将本科目本年发生额转入经营结余。年末结转后，本科目应无余额。

第二章　行政事业单位财务管理应用

财务管理是经济工作的重要基础。加强行政事业单位财务管理，建立健全内部财务管理制度，规范所有财务行为，是保障财政改革顺利进行的重要措施，也是社会持续进步的一个重要方面。本章重点分析行政事业单位预算管理、行政事业单位会计核算实践、行政事业单位资产和采购管理、行政事业单位内部控制。

第一节　行政事业单位预算管理分析

一、行政事业单位全面预算管理

"调整与优化全面预算管理工作对于行政事业单位运行管理的标准性以及实效性具有非常关键的作用，所以行政事业单位应当充分施展全面预算管理的根本效用，从细节着手，将其具体落实到内部各个部门与具体人员身上，各方相互融合、相互促进，这样才可以从根源处弥补预算管理存在的不足，持续发挥行政事业单位公共服务方面的职能效用，充分贯彻落实国家有关方针政策，构建良好的政府形象。"①

(一) 行政事业单位全面预算管理概念

行政事业单位财政预算管理是做好行政事业单位财政收支管理的第一步，也是管理好行政事业单位财政收支的重要一步。全面预算是由全员、全额、全程三方面组成的：①全员指的是让每一个与预算相关的人员参与到预算编制中来，预算指标分解到每一名参与人员身上，人人树立预算意识；

① 陈颖超.行政事业单位全面预算管理中存在的问题及对策[J].中国管理信息化，2022，25(24)：6.

②全额是指预算金额的总体性，对于行政事业单位来说，不仅包括财政拨款，还包括政府公益金和一些自有收入等；③全程是指对预算管理流程要实施全面控制，是要通过预算的执行和监控、预算的分析和调整、预算的考核与评价，真正发挥预算管理的权威性和对各种财务活动的指导作用。

行政事业单位全面预算具有三个特征：①统一性。要求包括单位的一切事务。②年度性。行政事业单位每年都向本级财政部门呈递预算。③明确性。应让公众理解并审查其内容。④公开性。要求预算成为公开文件，其内容能被全社会了解。

预算还是管理的工具，好的政策依赖好的预算管理。在促进政策目标的整个资金流动过程中，预算管理起着关键作用。早期的预算管理更多地强调合规性，对公共资金使用所产生的结果未给予充分关注。现代预算管理方法认为，片面强调合规的传统预算理念已不适应环境变化的要求，赋予支出机构管理灵活性对于有效地利用资源、达成既定目标非常重要。

（二）行政事业单位全面预算管理的目标和原则

1. 行政事业单位预算管理的目标

经济政策的基本目标可界定为增长、平等和稳定。如果没有促进宏观经济稳定和社会平等的政策，经济增长就是不可持续的。因为这三个目标之间也会产生矛盾，所以在预算中要把这三个目标综合在一起考虑。这一框架应致力追求三个关键的公共支出管理目标和两个一般目标。

预算作为最重要的政策文件，预算管理应同时追求经济政策的三大目标。经济政策的三项一般性目标就转化为全面预算管理的三个关键目标：财政纪律与总量控制、基于政策优先性资源配置、营运管理与运作效率。

财政纪律和总量控制是所有预算制度的首要任务。基于政策优先性的资源配置有效不仅意味着政府引导资源增量转向新的更高优先级用途，还意味着将资金从低价值的用途转向高价值用途的意向和程序。运营效率要求推动支出机构提高服务交付的生产率，从而降低政府购买货物和服务的成本。

两个一般目标分别为合规性和管理财政风险，这也是预算管理的基本要求。合规性意味着预算管理过程的所有参与者必须严格遵守国家有关的法律法规及规章制度。风险可以定义为损失和收益的不确定性，风险控制主要针对消极的而不是积极的风险，也就是那些可能造成损失的风险。风险管理的目标是控制风险损失，通常有三种方法：转移风险、消除或减少风险、承担风险。在任何情况下，对风险进行精准的确认，并对风险进行评定；确认风险时，要尽可能对风险进行量化，并确定它的来源、性质等属性。评估风险要求对风险的严重性和频率进行计量，确认和评估的结果应予公布。

2. 行政事业单位全面预算管理的原则

行政事业单位在进行全面预算管理时应做到：在做预算编制时，采用科学合理的方法，力求预算的精确性；在预算执行时，严格按照《中华人民共和国预算法》要求进行支出，做到厉行节约，减少铺张浪费；在预算监控时，要对每一笔支出进行实时监控，确保符合法律条例规定，对不符合规定的及时进行调整；在预算考核时，建立科学合理并且可操作性强的预算考核体系，对预算执行进行考核，确保预算资金的使用效率，避免低效率的产生；年末决算要认真填报，做到账实相符；在资产使用管理方面，合理配置资产资源，提高资产使用效率，防止资产流失。预算编制做到科学合理，是行政事业单位提高资金使用效益的关键性因素，可以细化事业单位预决算公开内容，逐步将部门预决算公开到基本支出和项目支出。行政事业单位的全面预算管理必须遵照以下原则实施：

（1）坚持合法合规的原则。在编制行政事业单位预算时，要按照国家的法规和政策方针有关规定和单位的工作任务和目标进行。

（2）坚持完整性和统一性原则。在编制行政事业单位预算时，要涵盖所有的收入，不仅仅是财政补助收入，收支的口径要和国家《中华人民共和国预算法》要求一致。

（3）坚持以收定支、收支平衡的原则。编制预算要保证收支平衡，略有结余，严禁编制赤字预算。

（4）坚持统筹兼顾、保证重点的原则。要考虑到行政事业单位的发展目标和国家的财政收入水平，分清轻重缓急，保证重点项目的资金。

（5）坚持勤俭节约、注重绩效的原则。最大限度地增加收入，节约支出，提高预算资金的使用效率水平。

（三）行政事业单位全面预算管理组织体系

全面预算管理的组织设置模式包括以下两种：

1. 预算管理委员会

预算管理委员会在全面预算管理的组织结构中起着枢纽的作用，它由行政事业单位负责人和部门主管构成。它的工作任务：①拟定预算管理的相关规定、章程、规范等；②提出预算编制方针和程序并确定年度发展目标及事业计划；③审查并确定单位所有的预算草案；④审阅实际执行与预算差异的汇报；⑤如经过调研发现有需要，做出预算调整的决定。

2. 预算管理办公室

预算管理办公室是直接服务于预算管理委员会的机构，承担着组织单位员工完成预算管理工作，并对各部门之间的障碍进行沟通与协调。它可以对预算管理委员会直接汇报工作。预算管理办公室的工作任务是：①拟定预算管理工作的相关条例；②制定根据行政事业单位事业发展的总体目标；③提出年度工作计划的预算编制要求；④对各部门编制预算的人员进行培训；⑤对各部门上报的预算进行审核和汇总；⑥对提出预算调整的方案进行汇总；⑦对预算执行效果进行考核和评估；⑧监督和控制预算执行情况，完成预算年度的总目标；⑨将预算过程中的所有情况向预算管理委员会进行相关汇报。

（四）行政事业单位全面预算管理流程循环

全面预算管理系统包括预算编制、预算执行、预算监控、预算考核四个方面，这四个方面相辅相成，相互影响。为了达到事业单位设定的总体目标，在实行全面预算管理时应完善全面预算管理运行流程；从科学编制预算开始，严格约束每一项经济活动，形成有效的预算执行信息；加强对预算的监管与控制，及时进行预算分析；当实际情况出现偏差时，立即采取措施进行预算调整，确保总目标的实现。实行考评奖惩和激励，也是实现行政事业单位的战略目标。全面预算管理强化预算管理的目标性，预算管理目标与行政事业单位战略目标的协同性，使预算控制的力度和作用得以发挥。全面预算管理包括预算分析、预算考评和激励，从而使整个流程更加科学化。

(五) 行政事业单位预算编制

1. 行政事业单位预算编制原则

行政事业单位在编制预算时，应深入贯彻新《预算法》和《行政事业单位内部控制规范》：①完善基本支出定额标准体系；②加快推进项目支出定额标准体系建设；③充分发挥支出标准在预算编制和管理中的基础支撑作用。由于行政事业单位预算是由各行政事业单位按照财政部门预算编制要求进行编制的，应在领会和把握预算编制相关规定的基础上，结合本单位各部门的具体职责研究确定计划年度的工作任务，经单位预算管理委员会审核通过后，再根据相关基本数字和各项收支标准采用"零基预算法"准确编制本单位预算。无规矩不成方圆，所以行政事业单位预算编制必须遵循一定原则，才能编制出合理的、有参考价值的高质量预算。

原则是编制部门预算的前提条件，必须加强行政事业单位部门编制预算的原则性，使预算编制工作更加严谨。具体原则体现在以下方面：

（1）把国家的各项政策和法律作为依据。

（2）把当地的经济发展水平作为关键因素。

（3）对预算的把握是收支平衡尽量减少结余。

（4）必须遵循完整性原则。部门预算的编制中要涉及行政事业单位所有的收入和支出。

（5）必须遵循真实性原则。编制预算的有关所有数据的预测要有依据，不可随便估计；对机关运行经费进行严格管理，加快制定机关运行经费实物定额和服务标准；加强人员编制管理和资产管理，完善人员编制、资产管理与预算管理相结合的机制。

（6）统一性原则。在进行部门预算的编制时，对于同一类别的预算项目要用一致的预算科目。编制预算时，对收支标准的规定也要相统一。

（7）年度性原则。行政事业单位编制预算时，要和财政年度相一致。

（8）讲政治的原则。行政事业单位的预算编制基于自身强烈的政治责任感。

2. 行政事业单位预算编制的方法和程序

（1）行政事业单位预算编制方法。零基预算法的本质是不考虑过去年度项目费用的影响，根据实际情况确定项目预算的数额。这就要行政事业单位做到充分了解自身的资源情况，经过认真调查，配置资源，编制预算并对预算进行考核。在编制预算时，着重分析项目的成本效益情况，按照轻重缓急安排项目的优先次序。零基预算排除了以前年度预算的不合理因素，从投入和效率的角度，合理安排项目，从而提高财政资金的使用效率；避免了过去采用基数调整的不科学的预算编制方法，提高了预算编制的准确性。

（2）行政事业单位预算编制程序。我国行政事业单位的部门预算是现代政府预算的组成部分，一般要经过四个阶段的程序：政府行政部门编制草案、政府财政部门汇总审核、政府领导审核批准、议会审核。具体实行的是"二上二下"的编报程序。

3. 行政事业单位预算编制的具体步骤

行政事业单位预算编制的具体步骤包括以下方面：

（1）建立预算编审的组织。预算编审组织的成员是单位负责人和财务部门人员。预算编审组织的所有成员要划分好工作职责，落实责任，完成行政事业单位的预算工作。预算编审组织的第一个任务是确定年度的总体目标。

（2）编制预算的基础工作。

（3）编制行政事业单位的收入预算。

（4）编制支出预算。要依照收支平衡、略有结余的思想来编制支出预算。编制支出预算时，要充分考虑所有的可能性因素，实现资源的优化配置。行政事业单位在编制支出预算时主要涉及的是基本支出和项目支出。

（5）本单位的预算。经过编审组织的审核汇总，形成本单位的预算控制数，并把预算控制数的形成过程整理成说明书上交到财政部门。各科室根据年度预算建议计划，完成预算信息数据的采集、编制、汇总和审核工作，在规定时间内提交财务处审核。支出预算根据本处室年度工作目标和重点，以及上年预算安排执行情况编制。

综合预算和零基预算是年度支出的预算编制方法。支出预算要充分考虑年度内所有影响预算支出的因素和项目，分轻重缓急，按资金性质安排科目、项目支出。各项支出要有可靠的资金来源。审核平衡年度预算并下达修正意见。财务处收到各业务处室提交的项目立项申报后，初步进行筛选，剔除重复申报项目。财务处和预算编审委员会制作项目评分指标表，听取各项目主管部门对项目整体情况的介绍后结合上年度预算执行情况，现场对各项目进行量化评分。财务处根据分数高低情况，确定各部门预算申报项目的优先次序；结合预算年度财力状况，按照以收定支原则汇总，完成对各处室年度支出预算的审核平衡工作，形成年度支出预算修正意见。各处室对项目支出项目进行适当修正，报经主管局领导同意后，在规定时间内向局财务处提出，同时报送预算编制说明。符合单位重大项目金额标准的项目需根据预算金额大小按照职责权限进行审批。财务处负责汇总平衡各处室年度预算，形成本单位年度预算草案。财务处将年度预算草案提交局长办公会进行审议批准，然后报送同级财政部门批准。

二、行政事业单位预算业务内部控制基础

内部控制是指行政事业单位为实现控制目标，通过制定制度、实施措施和执行程序，对经济活动的风险进行防范和管控。行政事业单位业务层面的内部控制主要包括有预算业务控制、收支业务控制、政府采购业务控制、资产控制、建设项目控制和合同控制，这些业务构成了行政事业单位的主要经济活动内容。其中，预算业务控制是主线和核心。行政事业单位预算业务指的是预算管理的整个过程，可以根据业务流程分为五个环节：预算的编制、执行、调整、支出决算和绩效评价。预算业务流程中的各个环节都存在一定风险：

（1）预算编制风险：①预算编制不切实际，出现"漫天要价"的现象；②预算编制时，财务处不与各业务部门沟通而仅靠财务处编制，导致预算与业务脱节；③预算编制的项目不够细化，某些业务部门企图"浑水摸鱼"，导致预算没有足够的约束力。

（2）预算执行风险：①没有严格按照批复的预算来安排各项收支；②预算执行缺乏有效沟通，导致预算进度偏快或偏慢。

（3）预算调整风险：预算调整没有严格控制，导致预算约束力不足。

（4）支出决算风险：决算不够真实完整，不能充分利用前一年的决算分析结果来指导下一年的预算编制。

（5）绩效评价风险：绩效评价机制往往不够完善甚至缺乏该机制，导致无法有效及时地监督预算管理。因此，为了加强单位预算业务的内部控制体

系建设，需要开展风险评估，识别预算业务中各环节的关键风险点，针对风险点采取有效的控制措施。

行政事业单位的预算业务内部控制是指行政事业单位开展预算工作时，为了达到预算业务内部控制的目标，通过构造完善预算业务内部控制体系，找出预算业务过程中的关键风险点；对预算编制、执行、调整、决算、考核等环节的风险进行管控与防范，确保预算业务执行的控制与监督。预算业务内部控制是行政事业单位内部控制的主线，其目标包括：①单位的预算编制应该方法科学、程序规范、项目细化、内容完整、编制及时、数据准确；②严格管控预算调整程序，尽可能确保预算管理控制作用；③确保预算的严格有效执行，确保预算能够严格按照批复的额度和用途来执行；④建立预算执行反馈机制，提高预算执行的有效性；⑤及时进行有效、真实、完整的决算分析工作，与预算要相互反映，相互促进；⑥加强预算绩效的管理工作，建立全过程管理的预算绩效机制。

第二节 行政事业单位会计核算实践

一、行政事业单位会计核算方法与要求

（一）会计核算基本理论

1. 会计基本假设

行政事业单位在提供会计信息时，会面临某些不确定的事情，对这些事物作出判断，并给出合理推定，是会计核算工作赖以存在的前提条件。会计基本假设就是会计人员对会计核算所处的变化不定的环境作出的合理判断，是对会计核算所处的时间、空间环境所作的合理设定，主要包括会计主体、持续经营、会计分期、货币计量。

2. 会计基础

会计基础也称会计处理基础、会计确认基础，是指确认行政事业单位一定会计期间的收入和费用，进而确定其经营成果和财务状况的方法。由于会计核算工作要分期进行，因此有可能产生在同一会计期间各项交易和事项

的发生与款项的实际收取和支付不一致的情况。对此，会计上有两种不同的处理标准（会计基础）：一种是权责发生制，另一种是收付实现制。

根据新《事业单位会计制度》规定：事业单位会计核算一般采用收付实现制，但部分经济业务或者事项的核算可采用权责发生制。

相对经营性业务来说，采用权责发生制可以正确反映各个会计期间所实现的收入和实现收入所负担的费用，从而可以把各期的收入和与其相关的费用成本相配合，加以比较，并在此基础上正确确定各期的收入和费用。事业单位对于生产经营性的业务宜采用权责发生制作为其记账基础。

（二）会计核算方法

会计核算的方法是对会计对象进行确认、计量、记录和报告的方法，主要包括设置和运用账户、填制和审核凭证、登记账簿、编制财务会计报告等方面。设置账户前须先将会计对象划分为主要的会计要素，然后在会计要素下按其经济内容和用途设置相应的会计科目，根据会计科目来设置账户，按照会计等式原则填制和审核凭证，采用复式记账的方法登记账簿，最后根据账簿记录编制财务会计报告。

1. 会计要素

会计要素是对会计对象的基本分类，是会计用于反映行政事业单位财务状况、确定经营成果的基本单位。会计要素又称为会计报表要素，是构成会计报表结构的基础。会计要素分为资产、负债、净资产、收入、支出或者费用。

2. 会计科目及账户设置

行政事业单位会计科目是对行政事业单位会计要素按其经济内容和用途所作的具体分类项目。通过设置会计科目，可以将会计要素的增减变化分门别类予以登记，为行政事业单位内部经济管理和外部有关方面提供一系列具体的分类数量指标。会计科目是会计核算的专门方法之一。

行政事业单位会计科目按其提供会计信息的详细程度可分为总账科目和明细科目。总账科目是对会计要素的具体内容进行总括分类的会计科目，是进行总分类核算的论据，提供的是总括信息；明细科目是对总账科目所含内容再作详细分类的会计科目，提供更加详细具体的信息。

3. 会计记账方法

行政事业单位会计采用复式记账法，就是指对于任何一笔经济业务都要用相等的金额，在两个或两个以上的有关账户进行相互联系的记录的一种方法，以"借"和"贷"作为记账符号来记录和反映会计要素增减变动情况及其结果，其理论依据是会计恒等式：资产＝负债＋净资产。记账规则是"有借必有贷，借贷必相等"。

在行政事业单位会计中，借贷记账法中的"借"表示资产类和支出类账户的增加以及负债类、净资产类和收入类账户的减少或转销，"贷"表示资产类和支出类账户的减少或转销以及负债类、净资产类和收入类账户的增加。

4. 编制财务会计报告

行政事业单位的财务会计报告是反映行政事业单位某一特定日期的财务状况和某一会计期间的事业成果、预算执行情况等会计信息的文件。财务会计报告应依据登记完整、核对无误的账簿记录和其他有关资料编制，应做到数字真实、计算准确、内容完整、报送及时。

财务会计报告构成主要有资产负债表、收入支出表和财政补助收支情况表三大主要报表及会计报表附注，与其他应当在财务会计报告中披露的相关信息和资料。

5. 会计循环

会计循环就是会计人员将一定时期内所发生的经济业务按照一定的步骤、方法加以记录、归类、汇总，直至编制会计报告的整个过程，在连续的会计期间里周而复始、不断循环的工作就是会计循环。

（三）会计核算信息的基本要求

为了保证行政事业单位会计工作的顺利进行，向信息使用者提供准确、及时的财务会计信息，会计核算中使用的信息应遵循以下基本原则：

（1）可靠性。行政事业单位应当以实际发生的经济业务或者事项为依据进行会计核算，如实反映各项会计要素的情况和结果，保证会计信息真实可靠。

（2）全面性。行政事业单位应当将发生的各项经济业务或者事项统一纳入会计核算，确保会计信息能够全面反映行政事业单位的财务状况、事业成果、预算执行等情况。

（3）及时性。行政事业单位对于已经发生的经济业务或者事项，应当及时进行会计核算，不得提前或者延后。为了保证会计信息的及时性，行政事业单位应做好三个方面的工作：①要及时收集会计信息，对于各种生产经营活动，应判断其性质，决定是否将其纳入会计系统，并及时收集整理各种原始凭证；②对已经发生的经济业务应及时加工处理，不得拖延和积压；③将编制完毕的财务报表及时传递给使用者。

（4）可比性。行政事业单位提供的会计信息应当具有可比性。同一行政事业单位不同时期发生的相同或者相似的经济业务或者事项，应当采用一致的会计政策，不得随意变更。确需变更的，应当将变更的内容、理由和对单位财务状况及事业成果的影响在附注中予以说明。同类行政事业单位中不同单位发生的相同或者相似的经济业务或者事项，应当采用统一的会计政策，确保同类单位会计信息口径一致，相互可比。

（5）相关性。行政事业单位提供的会计信息应当与其受托责任履行情况的反映、会计信息使用者的管理、决策需要相关，有助于会计信息使用者对事业单位过去、现在或者未来的情况作出评价或者预测。会计信息的价值在于其与经济决策相关，有助于人们做出各种决策。当使用者通过信息评估过去、现在或未来的事件，或者通过信息确认或纠正使用者过去的评价，影响到使用者的经营决策时，信息就具有相关性。

（6）可理解性。行政事业单位提供的会计信息应当清晰明了，便于会计信息使用者理解和使用。

（四）会计凭证填制的基本要求

1. 原始凭证的基本要求

原始凭证是经济业务发生时取得的书面证明，是会计事项的唯一合法凭证，是登记明细账的依据。行政事业单位原始凭证按照来源的不同，又分为外来原始凭证和自制原始凭证，主要包括各级财政到款和支付凭证、其他开户银行转来的有关收付款凭证、各种实物资产入库或出库的凭证、各种往来结算凭证、其他足以证明会计事项发生经过的凭证和文件等。

2. 记账凭证的基本要求

记账凭证可以分为收款凭证、付款凭证和转账凭证，也可以使用通用记账凭证。

3. 凭证传递的基本要求

（1）各单位会计凭证的传递程序应当科学、合理，具体办法由各单位根据会计业务需要自行规定。

（2）会计机构、会计人员要妥善保管会计凭证。会计凭证应当及时传递，不得积压。会计凭证登记完毕后，应当按照分类和编号顺序保管，不得散乱丢失。

（3）记账凭证应当连同所附的原始凭证或者原始凭证汇总表，按照编号顺序折叠整齐，按期装订成册，并加具封面，注明单位名称、年度、月份和起讫日期、凭证种类、起讫号码，由装订人在装订线封签处签名或者盖章。

对于数量过多的原始凭证，可以单独装订保管，在封面上注明记账凭证日期、编号、种类，同时在记账凭证上注明"附件另订"和原始凭证名称及编号。

对于各种经济合同、存出保证金收据以及涉外文件等重要原始凭证，应当另编目录，单独登记保管，并在有关的记账凭证和原始凭证上相互注明日期和编号。

（4）原始凭证不得外借，其他单位如因特殊原因需要使用原始凭证时，经本单位会计机构负责人、会计主管人员批准，可以复制。向外单位提供的原始凭证复印件应当在专设的登记簿上登记，并由提供人员和收取人员共同签名或者盖章。

（5）从外单位取得的原始凭证如有遗失，应当取得原开出单位盖有公章的证明，并注明原来凭证的号码、金额和内容等，由经办单位会计机构负责人、会计主管人员和单位领导人批准后，才能代作原始凭证。如果确实无法取得证明的，如火车票、轮船票、飞机票等凭证，由当事人写出详细情况，由经办单位会计机构负责人、会计主管人员和单位领导人批准后，代作原始凭证。

（五）登记会计账簿的基本要求

（1）各单位应当按照国家统一会计制度的规定和会计业务的需要设置会计账簿。会计账簿包括总账、明细账、日记账和其他辅助性账簿。

（2）现金日记账和银行存款日记账必须采用订本式账簿，不得用银行对账单或者其他方法代替日记账。

（3）实行会计电算化的行政事业单位用计算机打印的会计账簿必须连续编号，经审核无误后装订成册，并由记账人员和会计机构负责人、会计主管人员签字或者盖章。

（4）启用会计账簿时，应当在账簿封面上写明单位名称和账簿名称。在账簿扉页上应当附启用表，内容包括启用日期、账簿页数、记账人员和会计机构负责人、会计主管人员姓名，并加盖名章和单位公章。记账人员或者会计机构负责人、会计主管人员调动工作时，应当注明交接日期、接办人员或者监交人员姓名，并由交接双方人员签名或者盖章。

启用订本式账簿，应当从第一页到最后一页顺序编定页数，不得跳页、缺号。使用活页式账页，应当按账户顺序编号，并须定期装订成册，装订后再按实际使用的账页顺序编定页码。另加目录，记明每个账户的名称和页次。

（5）会计人员应当根据审核无误的会计凭证登记会计账簿。

（6）实行会计电算化的行政事业单位，总账和明细账应当定期打印。对于发生收款和付款业务的，在输入收款凭证和付款凭证的当天必须打印出现金日记账和银行存款日记账，并与库存现金核对无误。

（7）账簿记录发生错误，不准涂改、挖补、刮擦或者用药水消除字迹，不准重新抄写。

（8）各行政事业单位应当定期对会计账簿记录的有关数字与库存实物、货币资金、有价证券、往来单位或者个人等进行相互核对，保证账证相符、账账相符、账实相符。对账工作每年至少进行一次。

（9）各行政事业单位应当按照规定定期结账。

二、行政事业单位财务会计报告

财务会计报告是反映行政事业单位某一特定日期的财务状况和某一会计期间的事业成果、预算执行等会计信息的文件，能反映行政事业单位职责的履行情况，能为财务会计报告使用者合理配置资源、进行社会经济决策服务。财务会计报告是财政部门和上级单位了解情况、掌握政策、指导行政事业单位预算工作的重要资料，是行政事业单位加强内部管理、高效执行财政预算、提高预算资金使用效果的体现，也是编制下年度单位财务预算的基础。

财务会计报告是对行政事业单位财务状况、事业成果和预算执行等会计信息定期反映的财务文件。

(一) 财务会计报告编制要求

行政事业单位财务会计报告应当按照规定的编制基础、编制依据、编制原则和方法，依据登记完整、核对无误的账簿记录和其他有关资料编制。财务会计报告应做到数字真实、计算准确、内容完整、报送及时。

(二) 财务会计报告构成

财务会计报告包括财务报表和其他应当在财务会计报告中披露的相关信息和资料。

(1) 财务报表是财务会计信息的主要载体，由会计报表及其附注构成。会计报表至少应当包括资产负债表、收入支出表和财政补助收支情况表三大主要报表。会计报表附注是指在会计报表中对列示项目所作的进一步说明，以及对未能在这些报表中列示项目的说明等。

(2) 其他应当在财务会计报告中披露的相关信息和资料。通常行政事业单位会编制报表分析报告，在分析报告中披露相关信息和资料。

(三) 财务会计报表的编制期间和报送要求

1. 会计报表的编制期间

会计报表分为月报、季报和年报 (年度决算报表) 三种。会计年报自公历1月1日起至12月31日，月报、季报亦采用公历月份、季度起止日期。

2. 会计报表的报送要求

行政事业单位应当按照上级要求及时报送财务会计报告，在规定的期限内，按照规定的程序报送给规定的对象，以便及时反映行政事业单位的财务状况和收支、结余情况。

(四) 资产负债表

资产负债表是指反映行政事业单位在某一特定日期的财务状况的报表。它反映了行政事业单位在某一会计期末全部资产、负债和净资产的情况，包括行政事业单位按照制度要求，将单独核算的基本建设投资并入会计"大账"的相关数据。

资产负债表是行政事业单位会计报表体系中主要的报表，它综合反映了行政事业单位在某一时点占有或使用的经济资源和债务的分布及偿债能力等情况。资产负债表主要向各相关方提供以下三方面信息：

(1) 行政事业单位该时点所掌握的经济资源及这些资源的分布和结构。

(2) 行政事业单位的负债情况。

(3) 行政事业单位的基金情况。

这些信息是上级管理部门和决策部门管理行政事业单位重要的会计资料。

(五) 收入支出表

收入支出表是反映行政事业单位某一会计年度内各项收入、支出和结转及结余情况，以及年末非财政补助结余的分配情况的报表。按照规定，收入支出表采取结余计算和结余分配二合一的形式编报，既反映行政事业单位在一定期间的财务成果，又反映财务成果的分配过程。

收入支出表是行政事业单位会计报表体系中重要的报表之一，它可向主管部门、财政部门及有关方面提供以下信息：

(1) 收入支出表可以反映行政事业单位的活动成果，通过该表可以全面反映行政事业单位业务活动发生的收入、支出及结转结余情况，并通过比较，确定行政事业单位在某一会计期间的业务活动成果。

（2）收入支出表为评价事业单位管理机构、管理者的业绩提供了重要依据。利用收入支出表提供的收入、支出数据资料，可以反映行政事业单位管理机构、管理者的业绩，有助于考核管理者受托经济资源管理责任的履行情况。

（3）收入支出表有助于反映净资产的增减变动情况。净资产的增减变动情况是行政事业单位资源提供者较为关注的内容之一，通过收入支出表可以向资源提供者报告行政事业单位净资产的增加、使用和结存情况。

通过收入支出表可以了解行政事业单位的结余水平，判断行政事业单位的运营成果，考核行政事业单位的运营业绩，分析行政事业单位的获利能力，预测行政事业单位未来运营与结余发展趋势，为编制未来结余预算、作出未来运营决策提供依据。同时，将收入支出表中的信息与资产负债表中的信息相结合，可以提供分析行政事业单位财务状况的基本资料，为评价其业绩、预测其发展趋势提供会计方面的信息需求。

（六）财政补助收入支出表

财政补助收入支出表是指反映行政事业单位某一会计年度财政补助的收入、支出、结转及结余情况的报表。

财政补助收入支出表为主管部门、财政部门和有关信息使用者了解、评论财政拨款预算执行情况，进行财政拨款决策，加强财政拨款、结余资金管理等提供有用的会计信息。

第三节 行政事业单位资产和采购管理

一、行政事业单位资产管理

行政事业单位国有资产是指行政事业单位占有、使用的，依法确认为国家所有，能以货币计量的各种经济资源的总称。国有资产包括由财政性资金形成的资产、国家调拨的资产、按照国家规定组织收入形成的资产，以及接受捐赠和其他经法律确认为国家所有的资产，其表现形式为流动资产、固定资产、无形资产和对外投资等。

1. 管理原则

行政事业单位国有资产管理活动应当坚持资产管理与预算管理相结合、资产管理与财务管理相结合、实物管理与价值管理相结合、分级监管与授权管理相结合的原则。

2. 管理体制

行政事业单位国有资产实行国家统一所有，分级监管，单位占有、使用的管理体制。

3. 管理机构

各行政事业单位国有资产管理主管部门负责对本单位的国有资产实施监督管理。行政事业单位所属各级单位负责对本级及所属单位国有资产实施监督管理。

4. 管理内容

国有资产管理的内容包括资产配置、资产使用、资产处置、资产评估、资产信息管理、产权登记等方面。其中，行政事业单位资产管理工作中主要涉及的内容为资产配置、资产使用、资产处置、资产评估等方面的管理。

（一）资产配置

资产配置是指各行政事业单位根据履行职能的需要，按照国家有关法律、法规和规章制度规定的程序，新增资产、配备国有资产的行为。资产配置的方式主要有购置、基建移交、接受调剂、接受捐赠、自行研制等。

1. 资产配置的基本原则

（1）依法、依规并按照配置标准配置资产。

（2）与履行职能需要适应。

（3）科学合理，结构优化。

（4）厉行节约，从严控制。

2. 资产配置标准

资产配置标准是指对资产配置的数量、价格和技术性能等的设定，是编制购置计划、审核购置预算、实施资产采购和对资产配置进行监督、检查的依据。

3. 资产购置

资产购置是指单位申请财政资金或使用自有资金，以购买的方式新增资产的行为。资产购置必须纳入年度部门预算。

4. 基建移交

基建移交资产是指建设单位依据基本建设管理程序，按照规定编制竣工项目交付使用资产表，办理资产移交的行为。

已完成竣工验收，竣工财务决算经有关部门批复后，办理验收和交接手续，分别移交给工程管理单位或有关部门，接收单位根据"交付使用资产明细表"登记资产价值。

5. 接受调剂

资产调剂是指为满足行政事业单位履行职能的需要，按照国家有关法律、法规和规章制度规定的程序，根据上级单位的批复无偿调入资产的行为。

6. 接受捐赠

接受捐赠是指无偿接受各种达到固定资产标准物品的行为。

各行政事业单位接受捐赠资产，应与捐赠方签订捐赠协议。捐赠协议应包括捐赠双方名称、资产清单、价值依据和相关条件。

各行政事业单位接收的捐赠资产，应按照捐赠协议要求与相关费用凭据或评估报告分析入账。

7. 自行研制

自行研制是指各行政事业单位根据需要利用自有的人力、物力条件自行研制资产的行为。自行研制固定资产的成本包括建造该项资产至交付使用前发生的全部必要支出。

8. 资产验收、登记

各行政事业单位对以购置、接受调剂、基建移交、接受捐赠、自行研制等方式配置的资产，应当进行验收、登记。验收的方法可以采取实物查看、抽样检查、操作实验、验票验物等。资产验收完毕后，实物资产管理部门依据资产验收材料编制或修改资产卡片。资产验收、登记应提供以下资料：

（1）资产的购置发票和其他有关票据。

（2）资产的采购合同或其他接收证明。

（3）资产的技术资料说明书。

（4）经过批复的资产移交表。

（5）经过批复和审计的竣工决算资料。

（6）自制、改建、扩建、改良资产的支出证明材料。

（7）其他需要提供的资料。

（二）资产处置

国有资产处置是指国有资产处置单位对其占有、使用的国有资产进行产权转让或者注销产权的行为。

1. 资产处置方式

资产处置方式包括无偿调拨（划转）、对外捐赠、转让、置换、报废、报损、货币性资产损失核销等。

2. 基本原则和要求

（1）资产处置的基本原则。资产处置应当遵循公开、公正、公平、竞争、择优的原则。

（2）资产处置的要求。

第一，权属清晰。

第二，严格审批程序。

第三，公开处置。

第四，注重保密。

第五，上缴处置收入。

（3）处置权限。根据规定，行政事业单位对国有资产处置授权审批权限：单位价值或批量价值在800万元以下的，由财政部授权主管部门审批，主管部门应当于批复之日起15个工作日内将审批文件报财政部备案；单位价值在800万元以上（含800万元）的，报主管部门审核，财政部审批。

（4）资产处置的报批手续。行政事业单位处置国有资产时，应办理报批手续，并提供下列材料。

①拟处置资产申请文件。

②《中央级事业单位国有资产处置申请表》。

③《国有资产报废报损鉴定表》。

④可行性研究报告、相关说明文件或证明材料。

⑤拟处置资产的名称、数量、规格、单价等清单。

⑥资产价值凭证及产权证明，如购货发票或收据、竣工决算副本、记账凭证、固定资产卡片、国有土地使用权证、房屋所有权证、股权等凭证的复印件（加盖单位公章）。

⑦行政事业单位经审计的年度财务报表附件。

⑧行政事业单位法人证书、企业营业执照或个人身份证复印件。

⑨其他相关材料。

（5）资产处置收入的相关规定。根据规定，国有资产处置收入归国家所有，实行"收支两条线"管理，处置收入上缴中央国库管理。

（三）资产评估

资产评估是对资产价值形态的评估，是指专门的机构或专门评估人员遵循法定或公允的标准和程序，运用科学的方法，以货币作为计算权益的统一尺度，对在一定时点上的资产进行评定估算的行为。

1.资产评估的基本原则

（1）经济行为批准在前的原则，即涉及资产评估的经济行为未经批准不得实施资产评估。

（2）评估法定的原则，即资产评估必须委托依法设立的有相关资质的资产评估中介机构，且依照国家规定的标准、程序和方法对评估范围内的资产进行价值评定与估算。

（3）"谁批准、谁备案"的原则，即资产评估备案实行分级管理，资产评估结果应报送经批准经济行为的单位备案。

（4）资产评估结果时效性原则，即资产评估结果自评估基准日起1年内有效，因此，评估备案申请应自评估基准日起9个月内提出。

2.需要进行资产评估的经济行为

（1）取得没有原始凭证的资产。

（2）整体或部分改制为企业。

（3）以非货币性资产对外投资。

（4）合并、分立、破产、清算。

（5）资产拍卖、有偿转让、置换。

（6）整体资产或者部分资产租赁给非国有单位产权转让。

（7）确定诉讼资产价值。

（8）法律、法规规定的其他需要进行资产评估的事项。

3.不需要进行资产评估的经济行为

（1）整体或者部分资产无偿划转。

（2）下属行政事业单位之间的合并、划转、置换和转让。

（3）其他不影响国有资产权益的特殊产权变动行为，报财政部确认可不进行资产评估的。

二、行政事业单位采购管理

科学地开展政府采购，不仅可以提高资金的使用效益，维护国家利益和社会公共利益，保护政府采购当事人的合法权益，而且将大力促进廉政建设。

政府采购是指各级国家机关、行政事业单位和团体组织，使用财政性资金采购依法制定的集中采购目录以内的或者采购限额标准以上的货物、工程和服务的行为。

政府采购应当遵循公开透明原则、公平竞争原则、公正原则和诚实信用原则。

政府采购应当严格按照批准的预算执行。

政府采购工程进行招标投标的应遵循招标投标法。

(一) 政府采购的组织形式

政府采购组织形式分为政府集中采购、部门集中采购和单位自行采购。

（1）政府集中采购，是指中央单位将属于政府集中采购目录中的政府采购项目委托集中采购机构代理的采购活动。

（2）部门集中采购，是指主管部门统一组织实施部门集中采购项目的采购活动。

（3）单位自行采购，也称分散采购，是指中央单位实施政府集中采购和部门集中采购范围以外、采购限额标准以上政府采购项目的采购活动。

(二) 政府采购的方式

政府采购的主要方式有公开招标、邀请招标、竞争性谈判、单一来源采购、询价以及国务院政府采购和监督管理部门认定的其他采购方式。

(三) 政府采购的程序及要求

1. 政府采购程序

政府采购程序: ①制订采购需求计划。②公开采购需求。③选择采购方式采购合同的签订。④采购合同的执行等方面。

政府采购程序是政府采购公开透明、公平竞争、公正和诚实基本原则的表现形式，也是对政府采购工作实施监督管理的基础。

负有编制部门预算职责的部门在编制下一财政年度部门预算时，应当将该财政年度政府采购的项目及资金预算列出，报本级财政部门汇总。部门预算的审批按预算管理权限和程序进行。

对于货物或者服务项目采取邀请招标方式采购的，采购人应当从符合相应资格条件的供应商中，通过随机方式选择3家以上的供应商，并向其发出投标邀请书。

对于货物和服务项目实行招标方式采购的，自招标文件开始发出之日起至投标人提交投标文件截止之日止，不得少于20日。

2. 政府采购流程中的相关要求

(1) 招标采购原则。在招标采购中，出现下列情形之一的，应予废标。

①符合专业条件的供应商或者对招标文件作实质响应的供应商不足3家的。

②出现影响采购公正的违法、违规行为的。

③投标人的报价均超过了采购预算，采购人不能支付的。

④因重大变故采购任务取消的。

在废标之后，采购人应当将废标理由通知所有投标人。除采购任务取消情形外，应当重新组织招标；对于需要采取其他方式采购的，应当在采购活动开始前获得设区的市、自治州以上人民政府采购监督管理部门或者政府有关部门批准。

3.竞争性谈判采购原则

采用竞争性谈判方式采购的，应当遵循下列程序。

（1）成立谈判小组。谈判小组由采购人的代表和有关专家共3人以上的单数组成，其中专家的人数不得少于成员总数的2/3。

（2）制定谈判文件。谈判文件应当明确谈判程序、谈判内容、合同草案的条款以及评定成交的标准等事项。

（3）确定邀请参加谈判的供应商名单。谈判小组从符合相应资格条件的供应商名单中确定不少于3家的供应商参加谈判，并向其提供谈判文件。

（4）谈判。谈判小组所有成员集中与单一供应商分别进行谈判。在谈判中，谈判的任何一方不得透露与谈判有关的其他供应商的技术资料、价格和其他信息。对于谈判文件有实质性变动的，谈判小组应当以书面形式通知所有参加谈判的供应商。

（5）确定成交供应商。谈判结束后，谈判小组应当要求所有参加谈判的供应商在规定时间内进行最后报价，采购人从谈判小组提出的成交候选人中根据符合采购需求、质量和服务相等且报价最低的原则确定成交供应商，并将结果通知所有参加谈判的未成交的供应商。

4.单一来源采购原则

对于采取单一来源方式采购的，采购人与供应商应当遵循政府采购法规定的原则，在保证采购项目质量和双方商定合理价格的基础上进行采购。

5.询价采购原则

对于采取询价方式采购的，应当遵循下列程序。

（1）成立询价小组。询价小组由采购人的代表和有关专家共3人以上的单数组成，其中专家的人数不得少于成员总数的2/3。询价小组应当对采购项目的价格构成和评定成交的标准等事项作出规定。

（2）确定被询价的供应商名单。询价小组根据采购需求，从符合相应资格条件的供应商名单中确定不少于3家的供应商，并向其发出询价通知书，让其报价。

（3）询价。询价小组要求被询价的供应商一次报出不得更改的价格。

（4）确定成交供应商。采购人根据符合采购需求、质量和服务相等且报价最低的原则确定成交供应商，并将结果通知所有被询价的未成交的供应商。

6. 采购验收

采购人或者其委托的采购代理机构应当组织对供应商履约的验收。对于大型或者复杂的政府采购项目，应当邀请国家认可的质量检测机构参加验收工作。验收方成员应当在验收书上签字，并承担相应的法律责任。

7. 采购文件保存

采购人、采购代理机构对政府采购项目每项采购活动的采购文件应当妥善保存，不得伪造、变造、隐匿或者销毁。采购文件的保存期限为从采购结束之日起至少保存15年。

采购文件包括采购活动记录、采购预算、招标文件、投标文件、评标标准、评估报告、定标文件、合同文本、验收证明、质疑答复、投诉处理决定及其他有关文件、资料。

采购活动记录至少应当包括下列内容。

（1）采购项目类别、名称。

（2）采购项目预算、资金构成和合同价格。

（3）对于采用公开招标以外的采购方式的，应当载明原因。

（4）邀请和选择供应商的条件及原因。

（5）评标标准及确定中标人的原因。

（6）废标的原因。

（7）采用招标以外采购方式的相应记载。

（四）政府采购的范围

对于采购人采购纳入集中采购目录的政府采购项目，必须委托集中采购机构代理采购；对于采购未纳入集中采购目录的政府采购项目，可以自行采购，也可以委托集中采购机构在委托的范围内代理采购。

对于政府采购限额标准，属于中央预算的政府采购项目由国务院确定并公布，属于地方预算的政府采购项目由省、自治区、直辖市人民政府或者其授权的机构确定并公布。

第四节 行政事业单位内部控制研究

·"行政事业单位主要为社会提供公共服务并管理社会事务，为维护社会稳定和经济健康发展发挥重要作用。行政事业单位管理水平的高低直接决定了行政效能的好坏。加强行政事业单位内部控制建设有助于提升管理效率，规范权力运行，有效预防廉政风险。"①

一、行政事业单位内部控制有效性的基础研究

我国数量众多的行政事业单位势必要寻找科学的管理手段来提高自身服务水平，内部控制则是帮助各行政事业单位满足公共服务需求的重要手段。行政事业单位实施内部控制是建设法治政府的基本措施，当行政事业单位实现组织结构清晰科学、控制手段适当有效、运行活动合法合规、权责分配明确合理时，才能从根本上推动国家治理现代化进程。

行政事业单位内部控制是否有效取决于控制目标的实现程度。科学有效的行政事业单位内部控制需要实现合规目标、资产目标、报告目标、廉政目标和服务目标。首先，行政事业单位内部控制从外部规制和内部管理分别保证单位经济活动和业务活动的合法合规。一方面，行政事业单位内部控制的建立必须遵循我国现有的法律法规基础；另一方面，健全的行政事业单位内部控制体系是单位各类活动的行事原则，能够保障各项改革措施和管理条例的实施。其次，行政事业单位内部控制需要改善行政事业单位资产的管理情况。行政事业单位的资金来源主要是公共资金，有的单位资产管理意识淡薄，单位资产的破损和流失情况比较严重，所以有效的行政事业单位内部控制需要保护单位资产。

行政事业单位内部控制有效性需要考虑内部控制制度与独立单位间的适应性，信息数据作为公共决策的基础，不仅需要符合信息数据类别，还要满足民众的知情诉求。行政事业单位内部控制贯穿单位整体活动，需要扮演各类信息的过滤器和处理器，把控信息来源，规范信息输出，为行政事业单位信息质量提供保障，帮助信息应对随机不确定因素带来的问题。同时，有

① 刘亚茹.行政事业单位内部控制问题研究[J].财务管理研究，2023(01)：119.

效的行政事业单位内部控制不仅用于规范开展业务活动的物，更需要规范操作物的人的行为。行政事业单位内部控制也是出于规范政府治理的需要，可以规范相关人员行使公共权力，减少政府治理失败带来的相关问题。有效的行政事业单位内部控制就是规范公共权力的"权力笼子"，为国家治理注入新的活力。

行政事业单位最重要的是提供公共服务和提高自身服务质量，行政事业单位内部控制能够帮助行政事业单位提高行政效率，及时防范或发现并纠正业务活动中的问题，避免公共资源遭受损害，进而促进行政事业单位公共服务职责的履行。有效的行政事业单位内部控制能够完善行政事业单位自身建设，提高服务能力，满足社会公众需求。有效的行政事业单位内部控制才能满足基本要求，实现行政事业单位各类活动合法合规、资产科学管理、信息数据高效运用、公共服务及时高效。

行政事业单位内部控制有效性还体现在控制系统的设计情况和执行情况。结合我国本土化特色，行政事业单位内部控制提出单位层面和业务层面。行政事业单位内部控制有效体现在设计有效上，内部控制的制度和要素是从单位层面和业务层面对具体行政事业单位的内部控制进行整体设计，实现组织框架、制度规章、运行机制、关键岗位的完善与优化，为行政事业单位内部控制的具体实施提供制度指引和运行支持。

行政事业单位内部控制的设计有效性需要考虑内部环境、风险评估、控制活动、信息与沟通和内部监督的情况，行政事业单位内部环境奠定内部控制基调。行政事业单位一把手直接影响行政事业单位内部控制工作开展是否顺利，因此可以从一把手工程和内部控制观念教育活动衡量行政事业单位内部控制开展的阻力程度。并且，有效的行政事业单位内部控制设计具备职责明确的特点。风险评估和控制活动的设计需要了解单位层面和业务层面的关键风险点，从而构建合适的风险评估体系并选取具有针对性的控制手段。

拥有良好的内部氛围和科学的管控手段后，行政事业单位需要利用各类信息来进行新问题的决策和已有制度的优化，设计内部控制信息系统也非常重要。内部控制信息系统需要着重建立业务内部控制的子系统，考虑子系统的信息交流、汇总、传递、销毁，实现单位层面和业务层面的分离。内部监督则是单位决策、执行和监督三权分立的重要表现，是对已有职责的监督和评价，领导带头的总监督、业务监督和干部监督可以实现较为全面的监督检查，有利于提出全面的改进意见。

所以，有效的行政事业单位内部控制设计是对单位组织结构、职责分配、风险评估、控制手段、监督活动进行科学的、符合单位实际情况的设置和优化。行政事业单位内部控制设计有效是执行有效的前提，行政事业单位内部控制的执行依赖行政事业单位全体职工，这就要求行政事业单位拥有合格的管理能力且行政事业单位人员具备必要的胜任能力。

因此，有效的行政事业单位内部控制是在优化单位组织结构和明确行政事业单位人员责任的基础上，利用合理的风险评估方法，选取并运行合适的控制手段，配以独立的内部监督，实现内部控制的缺陷整改和持续优化。行政事业单位内部控制有效性不仅需要制度理论的保障，更应当在实际工作中落实优化。最具权威性的调研结果应当是财政部公布的我国行政事业单位实际内部控制建设情况报告。

二、内部控制视角下行政事业单位预算管理优化

(一) 加强预算绩效管理中的内部控制环境建设

1. 加强行政事业单位的预算绩效理念与内控建设意识

一个行政事业单位长期以来形成的单位文化建设是预算绩效管理顺利开展的思想基础。要让所有工作人员都认识到预算绩效管理与内控建设相结合的重要性，加强行政事业单位主要负责人和管理人员对内部控制建设的认知。只有行政事业单位负责人及领导人员意识到内控建设的重要性，才会层层下达给下属，并要求全体工作人员在工作中认真贯彻落实，才会在制度层面上落实预算绩效管理与内控建设结合。提高行政事业单位负责人及领导人员的重视，最主要的措施是进行相关业务培训。

预算绩效管理的实行不仅要领导重视，还要求工作人员重视，这就要求培养工作人员将预算绩效管理与内控建设相结合的意识。行政事业单位可以定期组织学习研讨和培训，提升工作人员执行内部控制与预算绩效管理相结合的业务技能，准确把握预算绩效管理过程中的内控建设要求，将内控建设五要素融入预算绩效管理流程中。全面配合本单位开展内控建设与预算绩

效管理相结合的工作。通过制定定期的学习制度、组织学习业务知识、参加外部的研讨活动及各项培训、对其他地方政府开展的预算绩效措施进行分析研究，从而吸收其他地方或部门的成功经验，不断改进和创新工作的方式方法。

2. 加强行政事业单位的队伍建设

预算绩效管理工作要求具体负责执行人员具备较强的专业素质和丰富的工作经验，为此需要选拔具备财务、管理及法学等知识的复合型人才。负责预绩效管理工作的部门一般招聘的是财务专业的毕业生，为了确保预算绩效管理的人才队伍建设符合最基本的条件，各行政事业单位在招聘环节应严格把关，包括任职条件设置、选拔条件、岗前培训等。

要加大人员的业务培训力度，不断提高工作人员的业务素质和业务水平，进一步扩充预算绩效管理岗位的人才储备，建设优秀的专业化队伍，为预算绩效管理工作的开展提供人力资源保障。

3. 完善预算绩效管理的组织机构建设

组织结构是行政事业单位内部机构层级设置、人员编制、职责权限等相关的人事组织制度安排，是开展预算绩效管理工作的重要基础保障。

4. 加强第三方中介机构的培育

中介机构建设是深化预算绩效管理改革的"先手棋"。委托第三方中介机构对预算绩效独立进行评价，是预算绩效管理的重要环节。预算绩效评价工作属于一项难度较大、复杂程度和烦琐程度均较高的工作。要求工作人员具备丰富的经验和知识储备。要加快第三方中介机构的培育，充分发挥第三方中介机构自我发展、自我管理、自我约束的积极性；建立完善的行业自律准则，出台推动第三方参与预算绩效评价的行业指引规章制度，推动市场合理竞争、健康发展。

（二）加强风险意识，建立健全风险评估机制

1. 强化风险防范意识

针对目前各单位对风险防范意识缺乏的问题，主要采取以下措施：

（1）通过专题培训的方式要求所有入职人员每年第一季度均要完成相关的风险防范意识教育学习。学习内容由财政部门协同内部控制建设的主管部门共同设置，要求所有人员必须完成规定的学习以及考试，并纳入年底审核的范围。

（2）每年举办动员会，并制订每年的活动计划。通过现实的案例教育使全体工作人员在工作中树立风险防范意识。

2. 健全预算绩效管理风险评估机制

设置预算绩效管理风险评估工作小组，逐步健全预算绩效管理风险评估机制。

（1）成立风险评估小组，该小组的组成人员主要为各单位的领导层、中层干部及外聘专家。该小组主要负责对预算绩效管理工作中可能存在的风险进行识别，并对风险的大小进行评估、衡量。每年年初、年中、年末均要对预算绩效管理工作进程中可能存在的风险进行识别、评估，并根据风险设置相应的预防机制。

（2）设置专职风险监控人员，对预算绩效管理单位可能存在的风险进行日常监控，并在每月末形成当月的风险评估报告，提交风险评估小组。

（3）设置专职风险分析职位，负责对专职风险监控人员提供的风险评估报告进行分析；利用 SWOT 分析法，通过分析各行政事业单位预算绩效管理过程中所拥有的优势和存在的劣势来进一步明确预算绩效管理目标。

3. 建立健全预算绩效管理中的风险预警机制

查找、分析全过程预算绩效管理中的风险点，建立风险预警机制。

（1）风险评估小组每年年初、年中、年末对本单位开展绩效管理工作过程中存在的风险进行识别后，形成风险评估报告。风险识别的流程：①理顺预算绩效全过程中可能存在的所有风险点；②通过对风险点进行分析研究，划分每个风险点的风险等级；③根据不同的风险点等级建立对应的风险应对政策。

（2）根据风险等级建立风险预警机制。风险评估小组根据识别出来并已经划分风险等级的风险点设置不同的风险预警线，并由风险监控人员对此进行动态监控，将监控过程中发生的风险上报风险评估小组。风险评估小组召开会议，针对风险点设置相应的应对策略。总之，通过设置风险预警机制，及时发现风险，并采取风险防控措施。

（三）规范与优化预算绩效管理中的控制活动

1. 加强岗位分离控制

在预算绩效管理工作的每个环节，按照岗位分离原则，设置组织机构及人员职责权限。如在预算绩效目标管理过程中，将目标的设定、审核、调整、运用设置不同的岗位人员负责，通过相互牵制，使得绩效目标的管理能够实现。在事前绩效目标评审、事中绩效执行监控、事后绩效结果自评、最终绩效评价结果运用方面也要建立严格的岗位分离控制。

2. 健全预算绩效目标管理体制机制

预算绩效管理工作的开端就是进行绩效目标的设定。在编制预算时，只有预算编制设置符合标准的预算绩效目标才能列入项目库管理，未设定绩效目标或未按照相应要求设定的，则不纳入项目库，不得申请部门预算资金。单位完成预算绩效目标后，由审核部门从完整性、可靠性、适当性、相关性四个方面进行审核，不符合要求的需进行相应的调整。一旦最终确定该单位的预算目标就不得再调整。各单位负责人及绩效管理工作的具体执行人员均要不断强化法律意识，严格按照预算绩效目标进行执行，发现偏差要及时进行修正，未按照规定的程序对绩效目标进行调整的不得自行调整。

3. 创新预算绩效管理过程中的控制手段

随着"互联网＋"时代到来，预算绩效管理全过程的控制活动不能仅依赖于传统的管理模式，而应将现代人工智能运用到绩效管理的控制活动中，实现对预算绩效管理工作各个环节、各个阶段的动态监控，范围涵盖预算编制、绩效目标审核、预算执行、绩效评估等，真正落实全过程预算绩效管理。此外，人工智能系统还可以将发现的预算绩效管理系统中存在的问题及时反馈给风险监控人员，以便及时采取措施，解决风险隐患。

4. 加强预算绩效管理中的信息沟通

预算绩效管理工作的有效开展离不开信息的有效沟通。只有加强信息沟通渠道建设，实现信息互通，才能将预算绩效管理工作中产生的信息及时传递给有关部门；协调各方诉求，推动各部门全力做好行政事业单位预算绩效管理工作。

5.完善预算绩效管理中的内部监督渠道

合理设置组织架构，建立预算绩效管理全过程的监督新机制。各行政事业单位应该梳理预算绩效管理工作的整个流程，在关键岗位、人员职责权限设定上与执行环节、监督环节相匹配，从而形成内部相互制衡、相互约束的机制。预算绩效管理的一个重要目标就是将预算绩效评价结果运用到预算中，这是推进预算绩效管理的初衷。预算绩效评价结果也反映整个预算绩效管理过程的成果，体现绩效管理工作的成效。因此，应以评价结果的反馈机制和运行机制为重点，以评价结果，"提质"和评价结果应用"增效"作为考核机制的内容之一，并以是否完成绩效评价反馈与运用作为考核的奖惩依据。

三、行政事业单位固定资产管理内部控制流程的优化

行政事业单位优化绩效管理的核心是做好绩效考评工作，没有科学化和实效的绩效考评，就永远不能说一个行政事业单位已经建立了优化的绩效管理体系。

(一) 行政事业单位固定资产管理内部控制流程优化目标

(1) 构建完善的内部控制机制，提高本单位固定资产管理效率。

(2) 根据分析查找错误及原因，进行回溯，明确问题。

(3) 优化会计方法，提高会计资料的准确性、真实性及完整性。

(4) 确保国家相关规章制度能够得到有效贯彻和落实。

(二) 行政事业单位固定资产管理内部控制流程优化原则

1.合法合规原则

固定资产管理内部控制流程优化应坚持合法合规原则，即对流程进行的优化基于财政部制定的关于行政单位固定资产管理内部控制的法规，遵循行政单位的规章制度。

2.全面系统原则

固定资产管理内部控制流程优化应坚持全面系统原则，即要求行政单位构建固定资产内部控制机制时应将行政单位与其固定资产内部控制流程优化的职能部门及岗位人员加以考虑，促使内部控制管理贯穿于流程优化的

过程中。

3. 重要适用原则

固定资产管理内部控制流程优化应坚持重要适用原则，即流程优化的过程中选取的环节及人员应以达到固定资产管理内部控制流程优化目标为主，尽量避免选择与固定资产管理内部控制流程优化无关的不重要环节及人员。

4. 制衡性原则固定资产管理

内部控制流程优化应坚持制衡性原则，即流程优化过程中应根据各个部门规模及人员匹配度进行权衡，确保职责合理分配。明确权重分明，制约监督的制衡性原则。

5. 成本效益原则

固定资产管理内部控制流程优化应坚持成本效益原则，即构建固定资产管理内部控制流程时应将过程所需的资金、人员及设备等因素仔细考虑，通过合理配置资源，使得最终获得的效益大于所需成本。

（三）行政事业单位固定资产管理内部控制流程优化方法

UML 统一建模语言由对象管理组织发布。作为一种标准的通用设计语言，其设计本意是计算机程序人员可以采用此种方法进行计算机程序的建模，后发展为开放的标准被应用于各个方面。UML 统一建模语言为企业的业务运作的优化提供了可应用性的分析方法。UML 统一建模语言的模型组成部分为视图、通用机制、模型元素。

第三章　内部审计基础知识

内部审计是一项独立、客观的评价活动，它遵循一定的规范和方法，对组织日常管理活动进行监督，以降低风险，提高管理效率。本章重点分析内部审计的特征与审计机构、内部审计的流程与技术方法、内部审计人员与内部审计管理方法。

第一节　内部审计的特征与审计机构

"内部审计的作用是随着内部审计的内容、范围、职能的发展而逐渐扩大的。在社会主义市场经济条件下，内部审计具有双重任务：一方面要对部门、单位的经营活动进行监督，促使其合法合规；另一方面要对部门、单位的领导负责，促进经营管理状况的改善、经济效益的提高。"[①]

一、内部审计的特征

(一) 政府审计特征

政府审计是由政府审计机关代表政府依法进行的审计，主要是监督检查各级政府及其部门的财政收支及公共资金的收支、运用情况。政府审计的目标是对单位的财政收支或财务收支的真实、合法和效益依法进行的审计，政府审计的依据是《中华人民共和国审计法》和政府审计准则，政府审计履行职责所必需的经费列入财政预算，由本级人民政府予以保证。审计机关有权就审计事项的有关问题向有关单位和个人进行调查，并取得有关证明材料，有关单位和个人应当支持、协助并如实提供证明材料。对于违反国家规

[①] 毛燕清. 企业财务管理中内部审计人员工作流程研究 [J]. 商，2013(12)：96.

定的财政、财务收支行为，可以在法定职权范围内作出审计决定或向有关主管部门提出处理、处罚意见。

（二）民间审计特征

民间审计是由经政府有关部门审核批准的注册会计师组成的会计师事务所进行的审计。会计师事务所不附属于任何机构，自收自支、独立核算、自负盈亏、依法纳税，在业务上具有较强的独立性、客观性和公正性，并为社会公众所认可。民间审计的目标是注册会计师依法对被审计单位会计报表的合法性和公允性进行审计，民间审计的依据是《中华人民共和国注册会计师法》和中国注册会计师审计准则。审计收入源于审计客户，由注册会计师与客户协商确定。对于审计过程中发现需要调整和披露的事项只能提请被审计单位调整和披露，没有行政强制力，如果被审计单位拒绝调整和披露或审计范围受到限制，可以出具不同类型的审计报告。注册会计师审计通常是定期审计，每年对被审计单位的会计报表审计一次，独立性较强，为需要可靠信息的第三方提供服务，不受被审计单位管理层的制约，委托人和会计师事务所之间是双方自愿选择，没有强制性。

随着信息时代的到来、知识经济的崛起，民间审计业务范围一直在不断丰富与发展，努力为社会提供多元化、全方位的专业服务，以进一步增强可靠性与相关性。

二、内部审计的机构

随着经济全球化和信息技术的应用与发展、并购浪潮的不断兴起，企业面临的竞争日趋激烈，这些环境的变化以及由此带来的由外向内传递的种种风险，使得人们对内部审计的期望在发生改变。内部审计作为现代企业制度的重要组成部分，是一种为改善组织经营而设计的独立的、客观的确认与咨询活动，已成为强化企业经营管理的重要手段。

内部审计机构的设置主要有两种模式：外包和内置。

（一）内部审计机构外包模式

内部审计外包又称为"内部审计外部化"，是指组织及其内部审计机构将内部审计的职能部分或全部通过契约委托给组织外部具有一定资质的中介机构来执行。内部审计外部化源于迈克尔·波特的竞争理论，最先是由安达信、安永、毕马威等全球知名的咨询机构提出的。自 20 世纪 90 年代开始，内部审计外包引起了越来越多的关注，已经有为数不少的企业或事业单位实行内部审计外包。

内部审计外包一般有两种形式：一是企业不设置内部审计机构，将内部审计的全部职能外包给中介机构；二是企业设置内部审计机构，内部审计机构根据具体情况将内部审计的部分职能或者业务外包给中介机构。

（二）内部审计机构内置模式

内部审计机构内置，是指依据《审计署关于内部审计工作的规定》《中国内部审计准则》等相关法规，在企业内部设立专职的内部审计机构，履行内部审计职责。自 20 世纪 80 年代审计工作在我国恢复以来，内部审计机构的内置模式主要有单一领导模式和双重领导模式。

在单一领导模式下，内部审计机构只对一个上级主管负责，但可以被设在管理层、监管层、治理层等不同层级上。

双重领导模式是指在业务上向审计委员会报告业绩，在行政上向经理层负责并报告工作。这种双向负责、双轨报告，保持双重关系的组织形式，是目前备受理论界推崇的模式，与国际内部审计师协会的《国际内部审计专业实务标准》的要求相一致。

第二节　内部审计的流程与技术方法

一、内部审计的流程

（一）审前准备工作

1.编制年度审计计划

单位组织年度内经济工作的中心问题，单位组织重大政策措施落实情况及存在的问题，经营管理中存在的突出问题和难点问题，群众普遍关注或反响强烈的热点问题，以往审计发现的比较突出、影响较大的问题，具体审计项目先后顺序安排，审计资源（人员数量、审计耗时与审计经费）的合理分配，后续审计的必要安排。

2. 项目审计计划内容

审计目标、审计范围、重要性、审计风险评估、审计小组构成、审计时间分配、专家与外部审计工作结果的利用等。

3. 审计前的调查内容

经营活动情况、内部控制设计与运行情况、财务会计资料、重要合同、协议及会议记录、上次审计结论、建议及后续审计执行情况、上次外部审计意见等。

4. 审计方案内容

具体审计目的、具体审计方法和程序、预定执行人及执行日期等。

5. 审计通知书内容

被审计单位及审计项目名称、审计目的、审计范围、审计时间、被审计单位应提供的具体资料和必要协助、审计小组名单、审计机构及负责人的签章和签发日期（附件包括被审计单位承诺书、被审计单位提供资料清单、审计文书送达回证）。

（二）审计实施工作

1. 控制测试

控制测试内容包括内部控制健全性测试与有效性测试。

（1）健全性测试主要评价被审计单位各项业务活动是否建立了内部控制制度，各项内部控制制度是否符合内部控制的基本原则（全面、制衡、成本效益、权责利对称），控制环节是否设置齐全，关键控制点是否存在，控制强点与控制弱点。

（2）有效性测试主要评价内部控制系统布局是否合理，有无多余和不必要的控制，关键控制点是否发挥作用，内部控制目标是否达到。

2. 实质性测试

实质性测试内容包括业务活动效益性测试和财务收支合法性测试。测试种类有分析性程序、交易测试、余额测试和列报测试。测试方法：询问、观察、检查、监盘、函证、分析和计算。

3. 审计工作底稿与审计日志

审计工作底稿是审计业务的具体记录，其内容包括被审计单位名称、审计事项名称、审计事项期间、审计事项描述与结果记录、审计结论、执行人姓名与执行日期、复核人员姓名、复核日期与复核意见、索引号及页次、审计标识。审计工作底稿应实行多层次复核。

审计日志是审计人员行为的过程记录，其内容包括审计事项名称、实施的审计步骤与方法、审计查阅的资料名称和数量、审计人员的专业判断和查证结果、其他需要记录的情况。

4. 中期审计报告

中期审计报告是指在审计过程中发现重要问题，及时传达给高层管理者和被审计单位，以便他们迅速采取行动，纠正失误，减少损失。中期报告可以是书面的也可以是口头的，可以是正式报送也可以是非正式报送，非常灵活。

(三) 后续审计工作

1. 后续审计中的三方职责

(1) 审计人员职责：对被审计单位给予充分尊重，不把具体纠正措施强加给被审计单位，采取合适的方法确定被审计单位对审计发现是否采取了恰当的行动，向高层管理者报告其后续审计中的判断和评价，实施后续审计时尽量避免对被审计单位正常业务造成影响。

(2) 被审计单位职责：配合、协助审计人员的后续审计工作，对审计报告作出及时、全面的回复并对报告中提到的缺陷采取切实有效而持续的纠正措施，向审计人员和高层管理者汇报纠正行动取得的进展，并提出在纠正方法上的不同意见，选择最恰当的纠正方法。

(3) 高级管理层职责：监控后续审计过程，鼓励被审计单位对审计报告作出回复；评审被审计单位的纠正措施，考虑其充分性和有效性，避免干涉内部审计人员的后续审计工作。

2. 制定后续审计政策

后续审计政策的制定必须做到：表明政策中的各项声明均得到企业最

高权力层支持并以书面形式载明，政策应发给所有管理层的主管，要求被审计单位必须在一定时限内对审计人员的发现和建议作出书面回复，要列示审计人员、被审计单位和高级管理层在后续审计中的职责。

3. 后续审计工作底稿

后续审计工作底稿包括：被审计单位对审计报告的书面回复，与被审计单位就回复中提到的纠正措施、存在缺陷进行探讨的回函，报告专递信和讨论有关审计报告事项的信函复印件，后续审计会议、电话备忘录以及文件审查、计算的书面资料，发送给被审计单位的其他信件、备忘录。

4. 后续审计报告

后续审计报告一般包括审计目的、以前审计报告中的审计发现和建议、纠正措施、审查结果、被审计单位的审计回复、后续审计发现、后续审计评价。

5. 扩散审计

扩散审计是针对被审计单位以外的其他部门是否也存在相同问题开展的审计工作，是否也开展了同步后续审计。

二、内部审计的技术方法

审计技术方法是为实现一定审计目标服务的，其不仅仅是取证方法，还是一个体系，是多种方法的综合使用。审计技术方法主要有思维方法、调查方法、分析方法、取证方法、沟通方法、侦查方法、判断方法和报告写作方法等。

(一) 审计思维方法

审计人员的多元思维包括如下内容:

1. "一分为二"的辩证思维

审计人员对待被审计事项，既要如实揭露存在的问题和违法行为，又要辩证分析存在问题的环境因素和客观条件，不要把问题简单归咎于被审计单位。同时要充分肯定被审计单位取得的成绩，肯定被审计单位在加强管理中取得的成效和进步，肯定被审计单位对待审计意见的积极态度、整改情况和行动方案。

2. 透过现象看本质的思维

审计人员对待审计事项，在揭露问题的同时，更要注重分析深层次问题，从体制上、机制上查找原因，从健全财务管理制度上寻找对策。认真分析存在问题的制度环境，分析公司治理结构的缺陷和内部控制的缺陷，分析宏观经济政策制定的合理性与执行的有效性，进一步推动各级政府和有关部门完善制度、规范管理、加强整改，从根本上杜绝屡查屡犯的怪圈，从源头上规范社会经济行为，推进制度建设，服务宏观大局。

3. 发散思维

发散思维是指思考活动从一个基点开始发散，力求衍生出众多新设想的思维方式。在根据不充分的情况下，审计人员应尽可能地敞开思路，对问题作出一定的、试探性的估计和设想，为进一步思考问题开辟道路。发散思维不是随便地猜测，要以事实和科学知识为依据。发散思维不需要等到有关的事实材料充分积累起来以后再进行。发散思维不要受到传统观念的束缚，更不要被思维定式所束缚。例如，发现现金的巨额支出，应该有多种考虑：归还债务、采购物资、支付费用、对外投资、挪用资金等。有效利用发散思维，可以为审计工作提供许多新的思路和有价值的信息。审计工作中，职业怀疑就是要充分利用发散思维方式。

4. 反向思维

反向思维是指当从一个方向思考和解决问题受阻时，可以从相反的方向加以考虑。反向思维的具体做法有：把事物的作用过程倒过来思考，把事物的重要结果倒过来思考，把事物的某个条件倒过来思考，把某种方式倒过来思考等。在审计过程中，当从一个渠道无法取得审计证据时，可以考虑从其他渠道取证；当审计人员无法取得审计证据时，可以考虑让被审计单位提供直接证据支持已有结论。

(二) 审计调查方法

(1) 观察法 (账外信息法)。观察法是"跳出"会计资料，从"账外"捕捉信息。该方法没有固定格式，处处留心，见机行事，灵活多样。

(2) 询问法。审计工作要营造相互理解、相互信任的和谐气氛。审计人员要面带微笑，语言甜美。问题的存在大多数是管理引起的，管理的缺陷有决策层和管理层原因，也有具体实施人员的原因。审计人员采用的最好的办法就是引导被审计人自己分析、自己找缺点。避免主观假设、仓促下结论，充分体会被审计人的意图、目的和困难，客观分析缺陷形成原因，淡化双方的对立情绪，在情感上与被审计人产生共鸣。提问应注意技巧，要善于倾听、耐心倾听。

（3）函证法。函证对象的选择主要关注关联方、往来单位、银行、账户余额，同时加强对函证过程的控制。

（4）审计会议法。参加人员包括高层、中层管理人员，纪检、监察人员、被审计当事人和代表群众。加强审计前、审计中、审计后三维立体会议沟通。

（5）问卷调查法。问卷涉及规定"动作"与自选"动作"调查，注重各部门、各环节风险因素调查。

（6）现场走访。询问＋观察＝现场走访。了解业务细节，列出访谈提纲，避免录音，营造相互信任的气氛。

（三）审计分析方法

1.财务分析方法

财务分析方法是以单位财务报告和其他相关资料为主要依据，对单位财务状况和经营成果进行分析判断，关注异常变动和异常项目，调查产生重大差异的原因，评估差异的合理性。财务分析方法主要有趋势分析法、比率分析法、因素分析法、成本效益分析法和综合指标分析法。

2.问题分析方法

问题分析法是把抽象的总括性问题分解成可以验证的具体子问题，子问题应"相互独立，完全穷尽"，子问题的排列可以按照时间顺序、结构顺序、重要性顺序和演绎推理顺序排列，然后把子问题归纳组装起来，是一种从抽象到具体的过程。问题分析法的核心是构建问题树，在问题树上，每个问题可以分解成若干子问题，分解成可以用事实进行验证的问题。审计人员根据需要进行证明或证伪的问题，安排审计任务，制订审计实施方案，收集证据，分析证据，对各个子问题进行事实检验，根据检验结果得出审计结论，形成审计报告。

3. 系统分析方法

系统分析法就是运用系统的思想、观点和方法，对审计对象进行分析研究，以不重复方式进行独立的调查与评价。系统分析法注重整体性、结构性、层次性和因果关系，把被审计事项放在一个更高层次开展研究，不仅关注被审计事项本身的运行绩效，还要关注影响绩效的外在因素，关注分析政治决策的总体目标、方针、政策和社会事业，关注分析行政组织结构、预算体制和法律法规，关注分析行政管理系统内部的资源分配、规划制订和监督检查。针对绩效低下原因，提出完善政策、体制、制度和管理方面的审计建议。

系统分析法不适于追究当事人责任，因为绩效低下是多个组织运行和制度层面的问题，无法界定责任，也无须承担相应责任。严格来讲，系统分析方法是一种创造性极强的研究活动，需要审计人员开发或提出新的评价标准、评价方案和评价程序。

第三节 内部审计人员与内部审计管理方法

一、内部审计人员

（一）内部审计人员的职业道德

"内部审计的独立性是内部审计的安身立命之根本，是审计工作人员在进行审计活动中不受其他外部因素影响的必要条件。加强内部审计人员的职业道德建设工作的重中之重也就是加强内部审计人员的独立性。"[①]

内部审计人员职业道德是内部审计人员在开展内部审计工作中应当具有的职业品德、应当遵守的职业纪律和应当承担的职业责任的总称，主要包括以下内容：

（1）职业品德。职业品德是指内部审计人员应当具备的职业品格和道德行为。它是职业道德体系的核心部分，其基本要求是独立、客观、正直、勤勉。

---

① 柴美越. 内部审计人员的职业道德建设工作研究 [J]. 现代交际，2016(21)：247.

（2）职业纪律。职业纪律是指约束内部审计人员职业行为的法纪和戒律，尤指内部审计人员应当遵循的执业准则及国家其他相关法规。

（3）职业责任。职业责任是指内部审计人员对国家、组织、员工和其他利害关系人所应当履行的责任。

（二）内部审计人员的执业能力

审计作为一项社会经济活动，有着悠久的历史。随着社会经济和审计事业的发展，人们对审计的认识在不断深化，审计的地位也在不断提高。随着社会经济的发展，当前审计工作所涉及的事项越来越复杂，综合性越来越强，这就对审计人员的素质提出了新要求。培养造就精通审计业务、掌握审计发展规律、熟练运用现代审计技术方法的高层次高技能审计人才，是实现审计工作适应时代发展、与时俱进、保持长久生命力的根本途径。

内部审计人员要提供高质量的专业服务，必须具备较强的执业能力。对内部审计人员的执业能力的基本要求包括政治素质、职业道德、职业作风、业务素质及综合素质。

二、内部审计管理方法

（一）内部审计营销管理

当社会公众对审计有误解、审计工作受到抵触、审计结论不被接受、审计建议不被采纳时，就需要开展广泛的审计营销活动。

审计营销是以实现组织的管理目标为根本宗旨，在适当的时间、适当的地点，以适当的服务内容和适当的沟通手段，向高层管理者与被审计部门提供适当的思想、理念、信息与建议，将审计关系的维系和管理融入各项工作的过程，从而实现组织的价值增值。

审计营销应关注营销识别、理念营销、制度营销、工作营销、信息营销与结果营销。

营销识别包括心理分析识别、环境分析识别与需求分析识别。审计营销开展的前提是识别，要识别被审计单位的心理状况，识别被审计单位的内部控制环境，识别被审计单位的现实需求，识别清楚才能"对症下药"。

理念营销就是注重宣传审计，攻心为上，由"要我审计"转向"我要审计"。当管理层和被审计单位不理解审计甚至误解审计、不支持审计工作时，理念营销就迫在眉睫。

制度营销就是游戏规则的制定，而审计章程就是审计工作的游戏规则。审计章程必须明确领导层、被审计部门与审计组织三方的权利、责任与义务，不能仅仅制定审计部门和审计人员的职责权限。如果领导层与被审计部门的权力、责任与义务不明确，再好的审计人员也难以开展工作。

工作营销体现在具体的审计过程中，包括审计的通知、报告、公示等方面，以及审计座谈会、访问、问卷调查等，形成一个人人皆知的和谐审计环境。

信息营销体现在审计信息发布上，包括审计简报、审计要情、审计工作动态等，审计部门要定期或不定期地主动发布审计计划、审计法规、审计案件、领导批示等，使广大群众可以随时听到审计的声音或看到审计的影子，使大家耳濡目染、融入审计。

结果营销就是审计结果的运用，体现在对审计意见的领导批示与部门采纳两个方面。通过审计报告的建议，使领导决策更科学、更完善，使被审计单位的制度更健全、更有效。

(二) 内部审计绩效评价

内部审计绩效评价分为动态评价和静态评价。

1. 动态评价

动态评价是事中评价，侧重评价审计政策和审计制度落实情况，实际上是审计质量的控制，包括审计计划的科学性评价、审计方案的可行性评价、审计取证的充分性和相关性评价、审计工作底稿的完整性评价、审计日记的真实性评价、审计报告的质量评价、后续审计的有效性评价等。动态评价的标准就是内部审计准则的具体规范要求。

2. 静态评价

静态评价是事后评价，侧重评价审计工作的结果情况。主要包括以下内容：

(1) 工作量评价。工作量是指内部审计机构一年内完成审计任务的数量，具体表现为审计完成的单位数、审计完成的项目数、审计计划项目完成数量、临时审计项目完成数量、审计覆盖率等。审计覆盖率是指审计实际完成的单位数或审计金额占全部单位总数或全部资金的比率。

（2）工作效果评价。工作效果是指内部审计机构完成各项审计工作后所产生的结果，具体表现为审计发现的违规资金金额、审计意见或建议数量、审计意见或建议的采纳数量、被审计单位整改情况、相关部门和群众对审计工作满意度评价等。

（3）审计成本评价。审计成本是审计机构完成一定工作量并达到一定工作效果后所消耗的时间和经费，具体表现为内部审计工作每年消耗的总工时或总经费、平均每个审计项目消耗的工时或经费、每位审计人员平均每年的审计工作总工时或总经费支出等。

（4）审计工作效率评价。审计工作效率是指内部审计机构在单位时间内完成一定工作量所需要的全部经费与审计工作的实际效果的比较，具体表现为单位审计成本投入带来的价值增值。用公式表示为

审计工作效率＝审计工作带来的成本节约或价值增值 ÷ 审计经费

结果：如果大于 1，表明审计工作效率高；如果小于 1，表明审计工作效率低。

当然，内部审计机构还要考虑审计经费本身的机会成本。

第四章　内部审计应用分析

行政事业单位审计是审计主体依法对行政事业单位的财政、财务收支及其相关经济业务活动进行审查，以监督、评价其真实性、合法性和效益性，以及有关经济资料的真实性和公允性的独立经济监督活动。本章重点探究经济责任审计的内容与程序、税务审计的主要方法与技术、财政预算决算审计与收支审计、国有企业审计与财务收支审计、自然资源资产审计内容与方法。

第一节　经济责任审计的内容与程序

经济责任审计是审计机关通过对领导干部所任职地区、部门（系统）或者单位的财政收支、财务收支以及有关经济活动的审计来监督、评价、鉴证领导干部履行经济责任情况的行为。

领导干部履行经济责任的情况应当依法接受审计监督，这是被审计对象的法定义务。根据干部管理监督的需要，经济责任审计可以在领导干部任职期间进行任中审计，也可以在领导干部任职期满时进行离任审计。

一、经济责任审计的内容

在经济责任审计中，要以被审计领导干部履行经济责任时是否做到了"守法"和"尽责"为核心来确定审计内容。同时，要以被审计领导干部所在单位或者原任职单位财政收支、财务收支以及有关经济活动的真实、合法、效益为基础来确定审计内容。审计内容不能超越审计机关的法定职权，有关部门和单位、地方党委和政府的主要领导干部由上级领导干部兼任，且对于实际履行经济责任的，对其进行经济责任审计时，审计内容仅限于该领导干部所兼任职务应当履行的经济责任。

（一）地方党委和政府主要领导干部经济责任审计的主要内容

地方党委和政府主要领导干部经济责任审计的主要内容包括：①贯彻落实科学发展观，推动区域经济、社会科学发展情况；②贯彻执行有关经济法律法规、党和国家有关经济工作的方针政策和决策部署情况；③制定和执行重大经济决策情况；④本地区财政收支的真实、合法和效益情况，国有资产的管理和使用情况；⑤政府债务的举借、管理和使用情况；⑥政府投资和以政府投资为主的重要投资项目的建设和管理情况；⑦对直接分管部门预算执行和其他财政财务收支，以及有关经济活动的管理和监督情况；⑧与领导干部履行经济责任有关的管理、决策等活动的经济效益、社会效益和环境效益；⑨领导干部履行经济责任过程中遵守有关廉洁从政规定情况。

（二）主要领导干部经济责任审计的主要内容

党政工作部门、审判机关、检察机关、事业单位和人民团体等单位主要领导干部经济责任审计的主要内容：①贯彻落实科学发展观，推动本部门（系统）、单位科学发展情况；②贯彻执行有关经济法律法规、党和国家有关经济工作的方针政策和决策部署情况；③制定和执行重大经济决策情况；④本部门（系统）、本单位预算执行和其他财政财务收支的真实、合法和效益情况；⑤重要投资项目的建设和管理情况、重要经济事项管理制度的建立和执行情况；⑥对下属单位财政财务收支以及有关经济活动的管理和监督情况；⑦与领导干部履行经济责任有关的管理、决策活动的经济效益、社会效益和环境效益；⑧领导干部履行经济责任过程中遵守有关廉洁从政规定情况。

（三）国有企业领导人员经济责任审计的主要内容

"国有企业领导人经济责任审计主要是指由独立审计机构及人员根据国家的相关政策法规、制度、计划、预算以及经济合同对国有企业领导人经济责任履行情况的审查、评价、监督以及证明的一种审计方式。"[①]

国有企业领导人员经济责任审计一般应根据干部管理部门的具体要求、领导人员所在企业的实际情况和与领导人员经济责任相关程度来确定审计

① 伍华林. 国有企业领导人经济责任审计相关问题探讨 [J]. 现代审计与会计，2022(12)：9.

重点。一般包括如下内容：

（1）企业财务收支及相关经济活动的真实性、合法性和效益性。

（2）企业的经营成果及国有资产的安全、完整和保值增值情况。

（3）企业内部控制的建立和运行情况。

（4）与企业资产、负债、损益目标责任制有关的各项经济指标的完成情况。

（5）重要经济决策和重大经济事项的程序和效果。

（6）财经法纪的遵守情况和领导人员个人廉洁自律情况。

（7）领导人员管理素质的评价。

（8）其他。

(四) 党政领导干部经济责任审计的内容

1. 贯彻落实中央宏观调控政策措施情况

掌握被审计领导干部任期内贯彻执行宏观调控政策的总体情况，重点审查落实措施是否及时、得力、有效。

2. 财政收支情况

掌握被审计领导干部任职期间所在地区财政预算管理、财政收支等总体情况，客观评价保障财政收支稳定增长、调整财政支出结构、加强财政预算管理等方面所做的主要工作，重点审查本级财政收支的真实性、管理的规范性，关注财政支出结构状况。

3. 国有资产资源管理情况

掌握被审计领导干部任职期间对国有资产资源的决策、管理情况，审查国有资产资源管理制度建设和处置决策、执行等情况。

4. 政府债务情况

按照"摸清规模，分清类型，分析结构，揭示问题，查找原因，提出建议"的工作思路。

5. 政府投资项目管理情况

掌握被审计领导干部任职期间决策建设的政府投资项目及以政府投资为主的重要建设项目的总体情况，重点审查政府投资项目的立项决策、管理制度和建设效益情况。

二、经济责任审计的程序

(一) 审计通知

1. 组成审计组

审计机关应当根据年度经济责任审计计划，组成审计组并实施审计。审计机关应当按照项目管理和质量控制的要求配置审计资源，组成审计组，负责具体实施审计。审计组是审计机关在长期审计实践中形成的进行项目审计的审计组织形式。审计组一般由审计组组长、主审和审计组成员三类审计人员组成，在具体的项目审计过程中有着不同的分工。审计组组长、主审和审计组成员应当按照国家审计准则的要求履行职责，做好相应的工作。

2. 下发审计通知书

（1）经济责任审计通知书的制作。审计机关在实施经济责任审计前应当制作经济责任审计通知书，经济责任审计通知书应当包括：①被审计人的姓名及职务，所任职或原任职地区（部门、单位）名称；②审计依据、范围、内容和时间等；③审计组成员名单；④被审计单位配合审计工作的要求等内容；⑤其他必要的内容，如附审计工作纪律要求等。

（2）经济责任审计通知书的送达。送达经济责任审计通知书，关系到对被审计领导干部及其所在单位或者原任职单位合法权益的尊重和保护，审计机关必须严格按照法定要求进行：①送达主体——审计机关。②送达客体——经济责任审计通知书。③送达对象——被审计人及其所任职单位或者原任职单位。④送达时间——在实施经济责任审计 3 个工作日前。经济责任审计通知书首先应送达被审计领导干部本人，同时考虑到经济责任审计涉及被审计领导干部所在单位或者原任职单位的财政财务收支及有关经济活动，审计通知书在送达被审计领导干部本人的同时应送达其所在单位或者原任职单位。

（3）直接持审计通知书进行审计的例外情况。当审计机关遇有特殊情况时，可以直接持审计通知书实施经济责任审计，但必须经过本级人民政府的批准。所谓的特殊情况，一般是指：①办理紧急事项的，如基于紧急、重大事项而对审计项目的特殊要求或者相关部门的特殊需求，如党委、政府基于有特殊要求情况紧急的；②被审计领导干部或者被审计单位涉嫌严重违法违规的，如相关部门掌握了被审计人或者相关人员涉嫌经济犯罪，需要协同相关部门，立即实施经济责任审计的；③其他特殊情况，从依法审计、保护当事人的合法权益的角度出发，审计机关应当慎重把握"特殊情况"的界限，避免将其泛化，借以侵蚀经济责任审计的一般程序，并严格履行审批程序。

（二）召开审计进点会并进行审计公示

1. 审计进点会

审计机关实施经济责任审计时，应当召开有审计组主要成员、被审计领导干部及其所在单位有关人员参加的会议，安排审计工作有关事项。召开经济责任审计进点会，是各级审计机关在多年实践中总结出来的有效做法和成功经验，是保证审计质量和提高审计效率的重要措施。召开审计进点会主要注意以下方面：

（1）召开进点会的主要目的。召开进点会的主要目的是安排审计工作有关的事项，以保证审计工作的顺利进行。

（2）进点会的召开时间。在经济责任审计实践中，在审计组进点开始现场审计前召开进点会的效果最好，如果时间或者条件不允许，也可以在开始实施审计的一段合理的时间内召开进点会，否则就失去了召开进点会的实际意义。

（3）进点会的参加人员。审计进点会参加人员应当包括审计组主要成员、被审计领导干部及其所在单位与审计有关的重要部门的相关人员参加。考虑到经济责任审计是联席会议成员单位共同管理的工作，联席会议有关成员单位根据工作需要可以派人参加。在审计实践中，一些地方的纪检、组织、国有资产监督管理等部门派人参加审计进点会，取得了较好的效果。

2. 审计公示

审计机关实施经济责任审计时，应当进行审计公示，审计公示可以按照以下步骤进行：

（1）审计公示的公示人。公示人应当是审计组或者审计机关。

（2）审计公示的时间。审计公示的时间一般在审计组进入被审计单位开始现场审计时进行。在审计实践中，召开完审计进点会后马上进行审计公示的效果最好，但如果进点会召开的时间较晚，应当在开始进点审计时就进行审计公示较为妥当。审计公示应当持续一段合理的时间，或者持续整个审计期间。

（3）审计公示的形式。审计公示可以选择多种形式，如张贴告示、发布信息等，公示形式的选择要便于被审计单位全体职工了解审计公示的信息。

（4）审计公示的内容。审计公示的内容包括审计项目、审计依据、审计主要内容、审计时间、联系电话、公示人、公示时间等。

（三）被审计领导干部和单位作出审计承诺并提供资料

审计机关实施经济责任审计时，被审计领导干部及其所在单位，以及其他有关单位应当提供与被审计领导干部履行经济责任有关的下列资料。

（1）财政收支、财务收支相关资料，包括预算或者财务收支计划、预算执行情况、决算、财务会计报告、运用电子计算机储存、处理的财政收支、财务收支电子数据和必要的电子计算机文档。在金融机构开立账户的情况，社会审计机构出具的审计报告以及其他与财政收支或者财务收支有关的资料等。

（2）工作计划、工作总结、会议记录、会议纪要、经济合同、考核检查结果、业务档案等资料。需要注意的是，审计机关要求被审计对象提供上述资料中包含被审计对象所任职单位或原任职单位时的会议记录，被审计对象不能以保密为理由拒绝提供上述资料。但审计机关和审计人员应当遵守有关保密规定。

（3）被审计领导干部履行经济责任情况的述职报告。

（4）其他有关资料，按照审计法及其实施条例和相关规定，被审计领导干部及其所任职单位或者原任职单位应当对上述所提供的资料的真实性、完整性作出书面承诺。

（四）座谈调查了解并听取有关部门意见

审计机关在经济责任审计过程中，应当听取党委、政府、被审计领导干部所在单位有关领导同志，以及联席会议有关成员单位的意见，一是听取有关领导同志和联席会议有关成员单位的意见，是审计机关在审计实践中总结出的成功经验之一。通过听取他们的意见，可以帮助审计机关和审计人员掌握被审计领导干部在任职期间经济责任履行的总体情况，把握有关问题和线索，突出审计重点，从而提高审计质量和审计效率，也为审计结果的有效运用奠定了基础。听取上述单位和领导同志的意见是经济责任审计的必经程序和要求，审计机关和审计组对此不能进行选择。

同时，审计人员还要在进行现场审计前，或者是开始进行现场审计的前半段，要专门到组织、纪检监察、国有资产监督管理机构（仅限于国有企业领导人员经济责任审计项目）调查了解相关部门掌握的情况和具体的审计需求等。在必要的情况下，还可以提请公安、监察、财政、税务、海关、价格、工商行政管理或者其他机关予以协助；在经济责任审计中，纪检、组织、监察、人力资源和社会保障以及国有资产监督管理等都是干部管理监督部门，都承担经济责任审计的管理和协调职责。

第二节　税务审计的主要方法与技术

税务审计的方法是税务审计方式、手段和技术的总称，是由相互关联的审计方法共同构成的一个有机整体，它贯穿审计过程中的各个阶段。

税务审计方法是指税务审计人员检查和分析审计对象，收集审计证据，并对照审计依据，形成审计意见和结论的各种专门手段的总称。作为一个完整的审计方法体系，审计方法包括基本方法和技术方法。

基本方法主要是指马克思主义的基本思想和方法，如实事求是、透过现象看本质等；技术方法是指证实被审计单位有重大违反税法遵从性的具体方法。技术方法分审查书面资料的方法和证实客观事物的方法。

从目的和手段关系看，税务审计的基本方法又分直接法和间接法。直接法是指直接利用纳税人或可信任的第三方提供的信息来确定纳税人应税所得的方法。这些信息主要包括纳税人的工薪、利息、不动产租金、股票销售、可扣除费用、利润、亏损等。

间接法是指利用第二手信息或相关信息来确定纳税人应税所得的方法。税务机关经常使用这种方法。间接法包括银行存款法、资金来源及使用法、净值法、资金比较法、毛利率法、单位总量法、现金负数法、CHI-SQUARE 测试法八种方法。其中，前四种为确定利润的方法，后四种为确定销售收入的方法。

一、税务审计的主要方法

（一）审查书面资料的方法

在传统的审查书面资料的方法中，查账是必须要提及的。查账法是指对会计报表、会计账簿、会计凭证等有关资料进行系统审查，据以确认稽查对象履行纳税义务的真实性、准确性的一种方法。税务部门利用企业财务税务报表，寻找税务审计证据的方法是比较传统和常见的。它包括对账簿凭证和报表的审阅和检查等。

1. 对序时账簿的审查

序时账又称日记账，是按照经济业务完成时间的先后顺序逐日逐笔登记的账簿。序时账有现金日记账和银行日记账。对现金日记账审查时，应注意企业现金日记账是否做到日清月结，账面余额与库存现金是否相符，有无白条抵库现象，库存现金是否在规定限额之内，现金收入和支出是否符合现金管理的有关规定，有无坐支或挪用现金的情况，有无私设小金库的违法行为，现金账簿记录是否正确，计算是否准确，更改的数字是否有经手人盖章等。

对银行日记账的审查，应注意银行存款账所记录的借贷方向是否正确，金额是否与原始凭证相符，各项经济业务是否合理合法，前后项过账的数字，本期发生额合计和期初、期末余额合计是否正确。应将企业银行存款日记账与银行对账单等进行核对，审查企业有无隐瞒收入等情况。

2. 对总分类账的审查

总分类账是根据会计制度按会计科目设置的，它可以提供企业资产、负债、所有者权益、成本、损益各类账户的总括资料。审查总分类账时，应注意总分类账的余额与资产负债表中所列数字是否相符。各账户本期贷方发生额和余额与上期相比较，有无异常的增减变化。特别是对纳税有关的经济业务，应根据总账的有关记录，进一步审查有关明细账户的记录和相关的会计凭证,据以发现和查实问题。由于总分类账户提供的是总括的资料,一般金额比较大。如果企业某些经济业务有问题,但金额较小,在总分类账中数字变化不明显,则审查时不容易发现。因此,审查和分析总分类账簿的记录只能为进一步深查提供线索,不能作为定案处理的依据,企业查账的重点应放在明细账的审查上。

3. 对明细分类账的审查

明细分类账是在总分类账的基础上,对各类资产、负债、所有者权益、成本、损益按实际需要进行明细核算的账户,是总分类账的细化。总分类账审查后,带着问题的线索,应重点分析审查明细账,如结转耗用原材料成本所采用的计价方法是否正确、计算结转是否准确等,在总分类账中不能直接看出来,而一审查明细账则一目了然。

明细账的审查要点主要有:①总分类账与所属明细分类账记录是否吻合;②从摘要中了解每笔经济业务是否真实合法;③各账户年初余额是否同上年末余额相衔接;④实物明细账的计量、计价是否正确;⑤对于采取按实际成本计价的企业,各种实物增减变动的计价是否准确合理。

由于企业的账簿种类较多,经济业务量较大,而重点主要是审查企业有无偷税和隐瞒利润等问题,因此在审查账簿时应重点选择一些与纳税有密切关系的账户,详细审查账簿中的记录。

4. 对会计凭证的审查

(1) 对自制和外来原始凭证的审查。审查其真实性、合法性、合理性、完整性、正确性、及时性。为了查明问题,应把被查的凭证同其他有关的凭证(包括记账凭证)相互核对,并核实。

(2) 对记账凭证的审查。着重审查所附原始凭证有无短缺,两者的内容是否一致,审查会计科目及其对应关系是否正确,会计记录反映的经济业务内容是否完整和真实,账务处理是否及时,等等。

5. 对资产负债表主要项目的审查

对资产负债表主要项目的审查主要是利用企业某一特定日期财务状况的资产、负债和所有者权益的每一个项目进行与税收有关系的分析。主要项目包括货币资金、交易性金融资产、应收票据、应收股利、应收账款、其他应收款、预付账款、存货、长期股权投资、持有至到期投资、固定资产、在建工程、投资性房地产、无形资产、长期待摊费用、短期借款、长期借款、应付账款、应付职工薪酬、其他应付款、应付股利、应付利息、预计负债、实收资本(股本)、资本公积、盈余公积、未分配利润和利润分配等。

6. 对利润表主要项目的审查

利润表反映企业 1 月 1 日至 12 月 31 日的经营成果,主要涉税项目:主营业务收入与主营业务成本,税金及附加,其他业务收入与其他业务成本,投资收益,管理费用、销售费用与财务费用,营业外收支,资产减值损失,公允价值变动损益等。

7. 对现金流量表主要项目的审查

对现金流量表主要项目的审查内容包括经营活动现金流入、流出及净流量,投资活动的现金流入、流出及净流量,筹资活动现金流入、流出及净流量,现金及现金等价物增加额。

8. 对财务报表之间勾稽关系的审查

对财务报表之间勾稽关系的审查内容包括资产负债表与利润表的勾稽关系、现金流量表与资产负债表的勾稽关系、资产负债表与现金流量表的勾稽关系。

9. 对财务报表与纳税申报表之间关系的审查

对财务报表与纳税申报表之间关系的审查内容包括财务报表与所得税申报表的关系、财务报表与增值税纳税申报表的关系、所得税纳税申报表与增值税纳税申报表的关系、财务报表与纳税申报表差异分析等。

10. 对其他资料的审查

对其他资料的审查内容包括:①经济合同、加工收发记录、托运记录、产品或货物经营的计划资料,生产、经营的预算、统计资料等;②审计报告、资产评估报告、税务处理处罚决定等资料;③有关法规文件、内部控制制度、各类与生产经营有关的协议书和委托书、考勤记录、生产记录、各种耗费定额、出车运输记录、税务机关审批文件等。

(二)证实客观事物的方法

证实客观事物的方法,是指税务审计人员收集书面资料以外的审计证据,证明和落实客观事物的形态、性质、存放地点、数量和价值等的方法。

包括盘点法、调节法、观察法、鉴定法和调查法五种。

（1）盘点法，是指对被审计单位各项财产物资进行实地盘点，以确定其数量、品种、规格及其金额等情况，用以真实实物账户余额真实、正确的一种方法。

（2）调节法，是指在审查某个项目时，通过调整有关数据，求得需要证实的数据的一种方法，如银行存款余额的调节、实物存货的调节。

（3）观察法，是指税务审计人员进驻被审计单位后，对生产经营管理工作的环境、财产物资的保管情况、内部控制系统的执行情况等，亲临现场进行实地观察，用以查明被审计单位涉税经济活动的事实真相，核实是否符合有关标准和书面资料的记载，以取得审计证据的一种方法。

（4）鉴定法，是指对书面资料、实物和经济活动的分析、鉴别，超过一般审计人员的能力和水平而邀请专门人员运用专门技术进行确定和识别的方法，如公安人员鉴定笔迹、商检部门检查商品质量、基建工程人员检查工程质量等。

（5）调查法，是指在税务稽查过程中，采用观察、查询、外部调查、盘点等方法，对纳税人与税收有关的经营情况、财务战略、库存等进行检查、核实的一种方法。

具体的调查方法：①实地调查、实地估算和测算；②查看税收统计报表；③小组座谈会；④税收问卷调查；⑤重点税源调查；⑥税源抽样调查；⑦税源典型调查。

在实际工作中，需要各种方法综合运用。

(三) 综合审查书面资料和证实客观事物的方法

在税务审计过程中，不单纯是审查书面资料的真伪或者证实客观事物的存在，需要运用综合的审计方法。

（1）风险评估法。税务审计人员在风险评估过程中确定审计的重点和领域，据此实施针对性的审计程序。其具体步骤如下：①确定可以接受的税务审计风险；②通过对被审计单位的调查，了解评估固有风险；③通过对内部控制的测试，评估控制风险；④按照审计风险模型确定检查风险，并据此确定实质性测试的范围和重点。

（2）分析性复核法。分析性复核法可以加深税务审计人员对被审计单位基本情况的了解，有利于确定审计重点领域，从而编制有针对性的审计实施方案。根据各种不同来源的数据估计期望值，对收集到的数据进行计算，并与估计值进行比较，然后在数据分析的基础上，确认调查的重大差异和意外波动发生在哪些领域或环节，最后是根据分析的结果，确定重点审计领域，对审计方案进行相应的调整。

（3）审核稽查法。审核稽查法是指审查会计资料和相关经济活动资料并获取审计证据时所采取的各种方式和技术。分为系统检查方法和审计技术方法两类。前者是根据被审计单位或审计资料的系统组成或者构成情况，确定审查顺序（如采取顺查法、逆查法等）和审查范围的方法（如详查法、抽查法等）。后者是为了收集审计证据而采取的具体措施和手段，手工审计技术有检查、监盘、查询及函证等，计算机审计方法主要包括模拟数据技术、数据转换技术和程序检查技术等。

（4）审计记录法。审计记录法作为对税务审计实施阶段审计活动的描述，主要包括审计取证和工作底稿等。审计记录法有益于全面而系统地反映审计的过程和结果，为形成审计的结论和决定提供依据，为编写审计报告提供完整的资料，有利于确定税务审计人员行为的恰当性和应负的责任范围。

（5）审计评价法。作为税务审计实施阶段的最后一个环节，审计评价法是形成审计报告的基础，税务审计人员对获取的审计证据进行加工整理，并与相关标准进行比对，从而作出对税务收入活动的真实性、合法性和有效性的判断，同时对所审计事项提出意见。主要包括目标评价法、成本效果法、经济计量法、决策分析法等。

（6）项目分析法。项目分析法对企业财务会计报表进行深入分析，利用报表的编制原理，审阅和核查报表项目及数据，还原项目的会计数据来源及核算内容，估算并印证相关税收缴纳情况，从中发现项目数据异常，因而获取审计证据的一种分析方法。

（7）指标分析法。指标分析法是运用与税收密切相关的经济统计指标、企业经营财务指标、税务机关的税种管理指标、税收行业管理指标及税收征管特殊事项指标，通过静态或动态比对分析各类指标绝对值或相对值的异常变动，来发现税务审计线索的一种方法。

（8）社会网络分析法。社会网络分析法通过几种纳税人之间的关系：业务往来（发票收付款）、投资关系、总分机构、外出经营、相同注册或经营地址、相同财务负责人或法定代表、雇佣等社会关系，转换为数学网络图，从而找出税务审计证据的一种方法。

（9）逻辑推导法。逻辑推导法通过具有内在逻辑关系和相关性的多个数据之间的趋同或反差关系（如财税报表项目的对应关系、不同税种之间的逻辑关联、财务指标之间的配比关系），找出税务审计证据的一种方法。

（10）相关分析法。相关分析法是按照"经济决定税收，税收影响经济"的原理，在市场经济条件下，将经济与税收存在关联关系的项目进行比对，（如利用宏观经济数据和税收数据进行地区、税种、行业等的宏观税负分析、地区税收总量与国内生产总值对比、工商业增值税与工商业增加值对比、企业所得税与企业利润对比等），揭示其中的差异，获取企业税务审计证据的一种方法。常见的指标有税收贡献率（GDP 税收贡献率、税种贡献率、行业税收贡献率）、税收成本率（分地区和行业、企业）等。

（11）经验分析法。经验分析法是指税务审计人员依据法律法规，根据会计审计规定，结合企业财务环境和经营特点，利用自己的专业知识和经验通过识别、计算、分析、比较等方法，找出企业涉税收入、资产不实等审计线索的一种方法。

二、税务审计的技术

（一）基本审计技术

税务审计技术是税务审计人员收集审计证据的工具。税务审计技术总体上说目前有两种：①基于内部控制是否有效的抽样审计技术。先做内控测试，再进行实质性测试。②基于风险导向的审计技术，即审计人员在对企业及周边环境进行全面风险评估后，制订审计战略和计划，以实现审计工作预期的效率和效果。

除了确定应税收益的直接法，税务审计人员还可以运用间接法来获取审计证据。从税源管理和纳税评估审计的角度看，税务审计包括以下方法：

（1）负货币资金余额法。负货币资金余额法指的是运用货币资金在企业运营中的特殊性，并且一般为正数，审计原始现金日记账中的现金流从而发现纳税人是否存在虚列支出（费用）和少计销售收入的检查方法。

（2）银行存款法。银行存款法指的是为了证明纳税人的费用，税务审计人员对纳税人一年中银行及其他类似账户中的存款进行加总，以确定其储蓄总额。然后对其账户流转的金额是否免税或涉税进行鉴别，从而得出应税银行存款的一种检查方法。

（3）净资产法。净资产法指的是在既定的纳税年度内，纳税人的净资产等于其资产减去负债的余额，如果有证据表明该纳税人的净资产有增长，而这种增长又不是来源于免税收入，就说明这些增长是应税的；如果按这种方法确定的应税收入超过了纳税人申报表的收入，则表明该纳税人存在未报收入。

（4）资金来源和运用法。资金来源和运用法指的是通过分析纳税人的资金来源和运用之间的差异，发现纳税人是否存在虚构或重复列支费用及支出，或者纳税人是否存在隐瞒或少计收入的行为。

（5）资产比对法。资产比对法指的是主要用于家庭和个人的税收检查。在一定期间内，纳税人及其家庭的消费水平是基本稳定的，而这种稳定必然有相应的收入来支撑。如果纳税人支出大于收入又没有免税收入的举证，则可能纳税人有未纳税申报的收入。

（6）投入产出法。投入产出法是指根据企业评估期实际投入原材料、辅助材料包装物数量等，按照确定的投入产出比（定额）测算出企业评估期的产量，结合库存产品数量及产品销量、销售单价测算纳税人实际产销量、销售收入，并与纳税人申报信息进行比对分析的一种方法。

（7）关键物件法。关键物件法指的是指根据纳税人生产某一种产品耗用的关键性外购半成品及主要零部件数量，来测算生产数量，进而推算应税销售额的一种方法。

（8）单位产品耗能法。单位产品耗能法是指根据纳税人评估期内水、电、煤、汽、油等能源、动力的生产耗用情况，利用单位产品能耗定额测算出纳税人实际生产、销售数量，并与纳税人申报信息比对分析的一种方法。

（9）设备生产能力法。设备生产能力法指的是按照纳税人投入生产的单位设备生产能力，测算、分析纳税人的实际生产量，进而核实应税销售收入，并与纳税人申报信息进行比对，分析是否存在涉税问题的一种评估方法。

（10）设备生产周期法。设备生产周期法是指利用纳税人生产一定数量产品的周期，结合设备或生产线开工情况测算分析生产量，结合库存，核实其销售数量或销售金额，然后与申报信息比对、分析申报是否异常的一种方法。

（11）工时（工资）耗用法。工时（工资）耗用法是指在单位产品耗用生产时间基本确定的前提下，按照纳税人在一定时间内耗用工时总量，分析、测算该时期内的产品数量及销售数量或销售额，并与申报信息进行比对的一种分析方法。

（12）毛利率法。毛利率法是指以企业的毛利率与行业的毛利率进行比对，选出差异幅度异常的企业，通过有关指标测算企业应税销售收入，并与企业纳税申报信息进行比对的一种分析方法。

（13）保本经营法。保本经营法是指按照纳税人生产经营保本这一最基本要求，根据其一定时期内的费用开支状况，倒挤出纳税人当期的最低保本销售收入，以此来核实纳税人申报信息是否真实的一种方法。

（14）以进控销法。以进控销法是根据企业评估期购进商品数量金额，结合库存信息，测算商品销售数量、金额的方法。

（15）链条式分析法。链条式分析法是指通过行业产业间关联关系、上下游企业间业务往来、企业物流关系以及第三方信息的采集分析利用，测算分析纳税人实际产销量、销售收入，并与纳税人申报信息进行比对的一种方法。

运用现行市价法、收益现值法、重置成本法、历史成本法、成本加成法、公允价值法等进行历史、行业等纵横方面的比对，可以间接获取财产类税的审计证据。通过合伙分配、合伙人利益的计量和处理，可以获取合伙企业涉税的审计证据。

客观地说，在所有的税务审计方法和技术中，财务分析（包括财务预警分析）占有重要的地位，它是很多分析方法（如书面资料审查法、实证法）的基础。

(二)计算机辅助审计技术

计算机辅助技术又叫信息技术，是指用计算机、网络和相关软件，使审计测试工作实现自动化的技术；是指利用电子计算机、网络和现代通信等手段实现获取信息、传递信息、存储信息、处理信息、显示信息等的相关技术。这一技术在税务审计领域的运用，提高了税务审计的效率和效果。

随着会计审计信息化的成熟，信息技术对税务审计线索、税务审计技术、被审计单位内部控制的制定和执行、税务审计的内容、税务审计人员产生了深刻的影响。

可以说，电子数据处理审计（EDP）是审计技术发展的一项重要推进力量。跨国公司与国际交易审计、国际涉税信息交换审查、国际多边审计、反洗钱涉税审计、电子商务（虚拟货币、网上服务）税收审计、大企业 ERP 审计迫切需要开发计算机辅助审计技术。

许多企业的财务数据都是通过会计软件加工生成的，譬如：用友、金蝶、ERP 软件和其他财务软件。面对海量的数据，税务部门必须运用计算机辅助技术，实施电子软件审查并审核企业的实际经营情况。其步骤如下：电子数据的采集、电子数据的整理和电子数据的疑点分析。电子税务审计需要确保数据采集的完整性、保密性和安全性。

尤其值得一提的是，在大数据下，信息技术的一般控制（程序开发、程序变更、程序和数据访问等）和应用控制（数据的完整性控制、数据准确性控制、授权控制和访问限制控制），对被审计单位内部控制评价和实质性测试是巨大的。

税务审计信息化，是指将计算机和网络作为处理税收信息的主要工具，并利用先进的通信手段，将税务审计纳入计算机管理，通过税务部门内部、税收部门与相关经济部门及企业之间信息传递和信息共享，达到提高税务审计效率和水平，实行税收审计和依法治税的目的。

很多情况下，计算机辅助审计技术是通过企业 ERP 软件得以实施的。也就是说，需要在企业 ERP 系统下开发和运用税务审计软件，在财会软件嵌入税务审计要求的同时，还必须对该要求进行相应的标准化。模块企业资源计划简称 ERP，是一个集合企业内部的所有资源，进行有关的计划和控制，以达到最大效益的集成软件系统。与传统的财务软件相比，ERP增加了采购、生产、销售及人力资源信息等方面的功能，并实现了相关数据的自动传输。企业大量数据存在于企业ERP系统内部，如果税务机关不能将ERP系统中的海量数据采集应用，就无法掌握企业生产经营的各类数据，进行依法征税。

基于企业ERP系统的税务审计软件（技术）是对纳税人进行监督和防止偷税的有力手段，是降低税收成本的有效途径，是规范税务管理、提高效率和完善服务的重要手段。电子税务审计系统需要采用先进的系统平台、良好的操作界面。金税工程系列就是电子税务审计的重要工程和载体。

随着手工记账向电子记账的发展，税务审计也由原来的查纸质的账簿凭证向电子审计发展。这种审计是运用了专门的查账软件，调取纳税人及扣缴义务人的涉税电子数据并实施税务审计的一种执法行为。其内容主要包括电子数据的采集（用软件直接复制原始文档）与证据固定（打印、复制、拍照拍像、制作相关笔录、查封扣押、公证等），使用查账软件对电子数据进行分析（建立税案、导入数据、分析数据、查阅电子账簿、确定问题）。

随着中国税收征管信息系统（CTAIS）的使用以及电子税务管理系统的不断完善和金税三期工程的不断深入，税务管理部门的信息收集与处理能力迅速提高，税务信息呈现出快速增长趋势。除通过纳税人主动申报个人信息外，税务管理部门所掌握的信息主要来自大数据系统以及其他的第三方平台。

税务审计是税务部门应对大企业税收风险的核心手段，应充分发挥其在税收风险管理中的关键作用。目前，大企业普遍使用ERP系统对企业内部管理进行整合，大量企业生产经营情况数据存在于企业内部。因此，如何开发针对ERP系统的税务审计技术，实行电算化税务审计，是各级税务机关特别是税务机关大企业税收管理部门面临的课题。

可以说，开发ERP税务审计系统，实行电子化审计，是提高税务审计水平的重要路径。电子税务审计要确认设备，通过操作电脑、确认主服务器，然后现场获取数据。运用采集数据的工具U盘，可以自动采集、网络采集、无模板采集、财务账套备份采集和文件采集。从形式上看，有财务数据采集、业务数据采集、ERP系统采集、SAP系统采集、通用万能采集等。

采集之后，是数据分析和评估。主要有分析评估（评估报告、分析汇总查阅、指标分析、账户分析、分录分析、账户检测、存货检测、报表趋势分析、报表结构分析等）、阅账分析（科目趋势分析、科目结构分析、科目比照分析、科目余额方向分析、科目对冲分析、对方科目分析、摘要汇总分析、疑点摘要统计分析、凭证抽样等）。

分析评估结果之后，考虑约谈核实，根据核实结果进行处理、处罚。

计算机辅助审计有以下三大关键技术：

（1）数据采集。①利用系统功能进行前台采集；②绕开系统进行后台直接采集。后台数据直接采集具有速度快、采集范围全、可信度高等特点，是审计数据采集的主要方式。

（2）数据挖掘。数据挖掘是从大量的、不完全的、模糊的、随机的数据中提取隐含在其中的有用信息和知识的过程。数据挖掘技术作为一种有效的方法，可以对税务机关在各个业务处理环节中积累下来的历史数据进行深度挖掘，为税务机关提供更为专业、有效的参考数据。

（3）税务审计配套技术。税务审计是一项系统工程，除需要一整套运行机制外，还需要有科学系统的审计技术作保障。一方面，要设计符合审计信息化的工作底稿，提高审计软件质量，实现与国家税务总局 CTAIS 软件的衔接；另一方面，必须考虑审计成本与审计效能，把经济资源分配到高风险的涉税事项和领域。

由于被审单位内部的相关数据流动都是依托 ERP 系统来完成的，因此 ERP 系统本身的有效性和规范性将极大地影响企业财务数据及纳税信息的正确性。为了消除因 ERP 系统本身设计中的部分缺陷对税务审计结论的影响，有必要对企业的 ERP 系统进行相应的测试工作，这一工作可以结合对被审计单位内部控制制度的符合性测试进行。

（三）审计抽样技术

抽样，是指先对特定对象总体抽取部分样本进行审查，然后以审查结果来推断该总体数量的一种方法。税务审计抽样，是指税务审计人员对某类交易或账户余额中低于百分之百的项目实施审计程序，使所有抽样单元都有被选取的机会。

随着社会经济的发展，被审计单位的规模越来越大，业务量越来越多，复杂程度越来越高，同时税务审计成本也越来越高，要进行全面的详细审计也不可能。税务抽样审计由此而生。

税务抽样审计解决了审计的业务量与审计结论保证程度之间的关系问题，提高了税务审计的工作效率。

审计人员如果有足够的经验，可以采取判断抽样，即从特定审计对象的总体中有选择地、有重点地抽取部分项目进行审核检查，并根据检查结果推断出总体的特征。

如果没有足够的税务审计经验，可以考虑用统计抽样，即利用概率论和数理统计的原理，从特定审计对象的总体中抽取部分资料进行检查，并根据检查的结果进行总体特征的推断。

一般来说，属性抽样（利用样本的特征来估计总体的特征，或者利用总体中存在某种特征通过抽样来发现具有该特征的项目）常被税务审计人员用来测试被审计单位的内部控制的符合性程度，变量抽样（通过样本的分析来推断总体数额的合理性）常被税务审计人员用来对账户金额进行实质性测试。

审计抽样分任意抽样、判断抽样和统计抽样三种类型。其中，统计抽样由于能够科学地确定抽样规模，防止主观判断及计算抽样误差出现在预先给定的范围内，而且便于审计工作规范化，被广泛地运用到税务审计抽样中。

但是，在税务审计人员运用抽样技术进行审计时，有两个方面的不确定性因素。其一直接与抽样有关，其二与抽样无关。一般把直接与抽样有关的因素造成的不确定性称为抽样风险，把与抽样无关的因素造成的不确定性称为非抽样风险。在进行控制测试和实质性测试时，要考虑抽样风险与样本量的关系：样本量越大，抽样风险越小。

非抽样风险产生的原因有人为错误（如未能找出样本文件的错误）运用了不切实际审计目标的程序、错误解释样本结果。属性抽样对控制测试很有用。在运用属性抽样的方法时，应该包括以下几个步骤：①确定预计差错发生率；②确定精确度；③确定可靠程度；④确定样本数量；⑤选择随机抽样方法；⑥评价抽样结果，推断总体特征。

变量抽样是进行实质性测试的统计抽样方法，是税务审计人员用来估计总体金额的统计抽样。它适合对企业存货、应收账款等的估计。它通过检查财税报表各项目数据的真实性和正确性，来取得审计结论所需要的直接证据。变量抽样有平均值估计、差异估计和比率估计等多种形式。

第三节　财政预算决算审计与收支审计

财政审计是指国家审计机关根据国家法律和行政法规的规定，对国家财政收支的真实性、合法性和效益性实施的审计监督。根据我国现行的财政管理体制和审计机关的组织体系，财政审计主要包括本级政府预算执行审计、下级政府预算执行和决算审计，以及其他财政审计。

随着财政审计的发展，目前我国财政审计已经是"大财政审计"，它是原财政审计概念的延伸，其含义包括：①财政审计的范围不仅局限在财政收支上，还包括财政制度的建立和完善、财政支出的效果等以国家为主体的财政分配活动；②财政审计机构的完整性和统一性；③审计过程具有系统性，分为事前审计、事中审计和事后审计，其中事前审计和事后审计成为转型期的审计重点。

一、本级财政预算执行情况审计

本级财政预算执行情况审计是审计署在国务院总理的领导下和地方各级审计机关在本级政府首长的领导下，对本级预算执行情况的真实、合法、效益进行的审计监督。审计机关对本级各部门（含直属单位）和下级政府预算的执行情况和决算以及其他财政收支情况，进行审计监督。审计署在国务院总理领导下，对中央预算执行情况和其他财政收支情况进行审计监督，向国务院总理提出审计结果报告。地方各级审计机关分别在省长、自治区主席、市长、州长、县长、区长和上一级审计机关的领导下，对本级预算执行情况和其他财政收支情况进行审计监督，向本级人民政府和上一级审计机关提出审计结果报告。

按照预算执行的组织机构划分，预算执行涉及财政、税务、海关、国库等部门，由于这些部门和单位在预算执行中的职责不同，在本级财政预算执行情况审计中所涉及的内容也有所不同。

二、对下级财政预算执行情况和决算审计

各级政府审计部门对本级各部门、各单位和下级政府的预算执行情况、决算实行审计监督。对下级政府预算执行情况审计是审计机关依照国家法律、行政法规对下级政府预算执行的真实、合法和效益情况进行监督的行为，可以通称为"上审下"；对下级政府财政决算审计是上级审计机关对下级政府财政收支决算的真实、合法、效益情况进行监督的行为。审计机关对下级政府预算执行情况和决算实行审计监督，是财政审计的一项基本内容。

对下级财政预算执行情况和决算审计侧重于检查违反国家政令统一、损害上级财政利益和关系国家财政工作全局的问题，它主要包括对税收、非税收入、财政收入退库、财政支出、财政结算资金等的审计。

三、其他财政收支审计

审计机关对本级人民政府财政部门具体组织本级预算执行的情况，本级预算收入征收部门征收预算收入的情况，与本级人民政府财政部门直接发生预算缴款、拨款关系的部门、单位的预算执行情况和决算，下级人民政府的预算执行情况和决算，以及其他财政收支情况，依法进行审计监督。经本级人民政府批准，审计机关对其他取得财政资金的单位和项目接受、运用财政资金的真实、合法和效益情况，依法进行审计监督。

按照我国现行审计监督管理体系，审计机关对其他财政收支审计监督主要围绕中央和地方两个层次，以财政预算执行情况审计（包括财政决算审计）和部门财务收支审计为依托，分别组织实施的。主要包括：①对中央级其他财政收支进行审计监督，主要是在中央预算执行情况审计的基础上，对财政部及中央各部门（含直属单位）管理的财政性预算外资金和基金的管理使用情况进行审计监督；②对地方其他财政收支进行审计监督，主要是结合财政收支决算审计，对地方政府各部门管理的财政性预算外资金的管理使用情况进行审计或审计调查。

地方审计机关对其他财政收支审计的内容包括：①对地方本级其他财政收支进行审计监督，主要是结合地方同级预算执行情况审计，对同级财政

部门以及同级各部门（含直属单位）管理的财政性预算外资金和基金的管理使用情况进行审计监督；②对下级地方政府其他财政收支进行审计监督，主要是结合财政收支决算审计，对下级政府各部门管理的财政性预算外资金和基金的管理使用情况进行审计或审计调查。

第四节　国有企业审计与财务收支审计

一般而言，国有企业审计主要包括两个方面：一是对国有企业及国有控股企业领导人的任期经济责任审计，二是对企业财务收支（资产、负债、损益等）的真实性、合法性和效益性审计。

一、国有企业领导干部经济责任审计

（一）国有企业领导人任期经济责任审计的评价指标

经济责任审计中一个核心的组成部分是审计评价，必须坚持实事求是、客观公正、谨慎稳重的审计评价原则，同时要坚持以经济责任为主，量化对政绩的分析，区分现任责任与前任责任，区分主管责任与直接责任，区分主观责任与客观因素影响等原则。

作为对审计评价的量化，评价指标对领导干部任期经济责任审计进行了直观且客观的测算。中华人民共和国财政部、国务院国有资产监督管理委员会分别从不同视角颁布了一些法规，用以规范国有企业评价。

国有企业领导人任期经济责任审计的评价指标包括以下内容：

（1）基本指标评价。其内容包括：反映企业财务效益状况的主要包括净资产收益率、总资产报酬率，反映资产营运状况的主要包括总资产周转率、流动资产周转率，反映偿债能力状况的主要包括资产负债率、已获利息倍数，反映发展能力状况的主要包括销售（营业）增长率、资本积累率等。

（2）修正指标评价。其内容包括：反映财务效益状况的具体包括资本保值增值率、销售（营业）利润率、成本费用利润率，反映资产营运状况的具体包括存货周转率、应收账款周转率、不良资产比率和资产损失比率，反映偿债能力状况的具体包括流动比率、速动比率、现金流动负债比率、长期资产适合率和经营亏损挂账比率，反映发展能力状况的具体包括总资产增长率、固定资产成新率、三年（任期年限）利润平均增长率、三年（任职年限）资本平均增长率。另外，还有反映总体经济实力的市场占有率、利税占有率，反映投入产出能力的全员劳动生产率、成本费用利润率等。

实际工作中应针对不同的单位，有针对性地选择其中的一些主要指标进行对比分析评价。在运用这些指标时，可以与领导干部任职初期相比，还可以与本地区乃至全国同行业相比较。通过纵向、横向比较，了解被审计单位的管理水平和企业状况。

（二）领导干部任期经济责任审计结果的报告与运用

1. 审计结果报告

审计机关需要按照要求向本级人民政府上报经济责任审计结果报告，同时将该报告抄送给组织部门、纪检监察部门和其他相关部门。经济责任审计结果报告主要有叙述式、表格式和条文式三种基本格式，在撰写过程中，也可以将三种格式综合使用，形成综合式格式。因此，在撰写经济责任审计结果报告时，不应片面追求某一种固定格式，而应区别不同的审计对象、不同的目的和内容，根据反映经济责任审计结果的需要而确定格式。根据撰写经济责任审计结果报告的基本要求，在一般情况下，上述三种基本格式的审计结果报告均应由以下五部分组成：

（1）开头部分。包括题目、编号、主送机关。经济责任审计结果报告的题目要明确，使阅读人对于本次审计的目的和内容一目了然。主送机关（报告的抬头）应为所报送机关，应写报送机关全称。

（2）概述部分。简要说明审计的依据、审计范围、审计的起止时间、被审计单位及离任领导干部的配合情况。

（3）基本情况部分。这部分主要包括被审计领导干部所在单位的性质、编制情况、内部机构设置、下属单位个数、核算管理体制以及审计重点。通过这部分的叙述，将被审计单位的基本情况进行简要概括，对审计重点有一个明确的交代，使经济责任审计结果报告的阅读人能总括地把握审计对象的基本情况和审计重点。

（4）经济责任审计结果。这部分是审计结果报告的主体，包括审计方案中所列全部审计范围的内容的审计情况，要分重点、分层次，将审计情况写清楚。对于离任领导干部任期时间较长的，还要作出分年度的表述。

（5）经济责任审计评价及建议。这部分重点是概括评价离任领导干部任职期间的主要业绩。要通过对项目的分析和经济指标增减变化情况的分析，对该期间被审计单位财政财务收支的真实性、合法性、效益性情况，对离任领导干部的主要业绩、管理水平、应负的经济责任，作出实事求是、客观公正的评价。同时，还要针对存在的问题提出切实可行的建设性意见或建议。

2. 审计结果报告的运用

经济责任审计结果报告是反映审计结果的重要文书。审计机关、组织部门以及对干部实施监督管理的纪检监察机关，可以适当地运用审计结果。

审计机关对审计结果报告的利用体现为以下三点：

（1）审计机关需将审计结果报告，特别是审计发现被审计者有明显经济问题和嫌疑的审计结果报告报送纪检监察机关，作为纠正和查处违规问题的参照依据以及侦破案情的线索，以便于纪检监察机关及时采取有效措施。

（2）参照相关法律法规及有关审计规范建立审计档案，可以将审计结果的主要内容输入计算机，实行计算机管理，为下次审计提供参考和基础性数据资料。

（3）依据审计结果确定进一步审计的重点，加大审计力度。

审计机关应将审计结果报告报送组织人事部门，作为考察和任用干部的重要依据。组织人事部门应把经济责任审计结果作为对党政领导干部和企业领导人员进行调任、免职、辞职、解聘、退休等提出审查处理意见时的重要参考依据，应依据审计机关提供的经济责任审计结果报告建立领导干部任职实绩档案，把经济责任审计结果报告中反映的领导干部的政绩情况、财务收支情况、责任与评价的主要内容写进或存入干部考察材料。

纪检监察机关对审计结果的运用主要体现在两个方面：①在查处案件中发挥审计的侦察兵作用。在一般情况下，纪检监察、检察机关到单位检查可能使一个单位感到有压力，而对于反映出来的不确定性经济问题和群众来信来访问题，则可由审计机关先进行审计。纪检监察机关根据问题的严重程度和发现的线索再着手进行查处。在审计过程中，发现严重违规的经济问题，直接移交纪检司法机关处理。②把审计结果作为备案材料，建立干部廉政档案。

二、国有企业财务收支审计

国有企业财务收支审计的目的是检查企业资产、负债、损益的真实性、合法性和效益性。为了实现上述审计目的，需要审计企业的会计报表、会计账簿、记账凭证等会计资料和其他经济活动资料，需要审计企业的各项资产、负债、所有者权益，需要审计企业的收入、成本费用、利润等。为了高质量、高效率地开展财务审计工作，对于国有企业财务收支的审计，需要按照业务循环开展审计：①了解各业务循环的内部控制；②进行各业务循环的内部控制测试；③进行各业务循环主要账户的实质性测试；④对企业资产、负债、损益的真实性、合法性和效益性作出审计评价。

（一）销售与收款循环审计

1. 销售与收款循环审计的目标

销售与收款循环的审计目标是，检查营业收入与应收款项的真实、准确与完整性，销售折扣、折让和退回的合规性、合法性及记录的准确性，坏账计算、核销及登记的正确性。

2. 销售与收款循环内部控制

（1）适当的授权审批。这一循环的关键审批程序有三个：①在销货发生之前，对于赊销额度应进行适当授权，在授信额度内一般批准，超过限额则应由更高级别的主管人员来负责审批；②未经正常的审批不得发出货物；③销售价格的确定，销售方式、结算方式的选择，销售折扣折让、销售退回等均需企业有关部门负责人员的审批。

（2）适当的职责分离。这一环节应包括：开票、发货、收款、记账职务应相互分离，赊销审批与销售职能的分离，坏账的确认与记账职务的分离，出纳职能与记账职能的分离。

（3）凭证的预先编号。对各种凭证预先进行编号，包括销售通知单、出库单、发票、贷项通知单等。收款员对每笔发货开具账单后，将发运凭证按顺序归档，而由另一位职员定期检查全部凭证的编号，并调查凭证缺号的原因。

（4）充分的凭证和记录。销售部门、仓储部门及时登记销售、保管实物账，财务部门及时登记发出商品登记簿、产成品明细账和应收账款。在货款收账通知单到达后，登记销售及银行存款等账户。

（5）定期核对并向客户寄出对账单。一般核对工作由非记账人员进行，对销售明细账和总账进行核对。核对财务部门的财务账和销售、仓储部门实物账，误差报经审批后予以处理。应建立应收账款的核对和催收制度，每月由独立的人员负责向客户寄送对账单，能促使客户在发现双方往来余额不正确后及时更正。定期检查，确定账龄较长的欠款，在必要的情况下，调整这类客户信用额度。

（6）现金的盘点制度。库存现金日记账应做到日清月结，每天由出纳人员负责进行账实核对，定期将日记账与总账核对，并由出纳以外的人员进行突击盘点和定期盘点。

（7）银行存款的核对制度。银行存款日记账应定期与总账核对，同时根据银行提供的对账单编制银行存款余额调节表，及时发现双方记录上的错误，确保企业银行存款的安全。

3.销售与收款循环内部控制测试

（1）抽取一定数量的发票样本进行检查。在选取样本之前，首先检查发票上的存根是否完整，从发票日期判断是否按顺序开具发票。对抽取的发票样本进行这些方面的检查：检查发票是否规范并连续编号，作废发票的处理是否得当，有无随意毁损行为；核对发票与顾客订单或销售合同、出库单、货运凭证所载明的品名、规格、数量、价格、结算方式等是否一致；检查赊销业务是否有信用部门的有关人员核准赊销的审批签字，超过信用限额的是否经过上一级主管人员的审批；从发票追查至有关的记账凭证、应收账款明细账、库存现金和银行存款日记账及主营业务收入明细账，确定企业是否正确、及时地登记有关会计凭证和账簿。

（2）抽取一定的货运文件样本，并与相关的销售凭证核对，检查已发出的货物是否均已向客户开具发票。如果发出货物但未开具发票可能导致销售收入和应收账款的漏计，从而低估收入，高估存货。

（3）抽查一定数量的销售明细账记录，并与发票、货运文件比较，确认是否存在虚计销售收入或少计销售收入的情况。

（4）抽查一定数量的应收账款明细账记录，并与相应的记账凭证核对，看其时间、金额是否一致；对于坏账注销业务，应抽取相应的原始凭证与账务记录进行核对，分析坏账的注销是否合乎规定的标准，有无主管人员的批准，是否存在随意注销坏账的情况；为了确定企业是否与客户定期对账，在可能的情况下，将企业一定期间的对账单与相应的应收账款明细账余额进行核对，以便了解对发现的差额是否及时采取措施。

（5）抽查一定数量的销售调整记录，以检查销售退回、折让、折扣的处理是否恰当。对于销售过程中出现的退货，一般通过贷项通知单冲减应收账款的记录。审计人员应审核所退回的货物是否有质检部门和仓库开具的退货验收单或入库单，检查贷项通知单是否根据退回商品验收单填制，是否记录有原销售发票号和发货单号，有无主管人员的核准，顺序编号是否完整。若存在缺号现象，应追查贷项通知单的去向，以便发现捏造退货、退款等舞弊行为。对于销售折扣和折让，审计人员应了解企业的折扣和折让政策，折扣和折让的审批是否经过适当授权，授权人与收款人的职责是否分离，会计记录是否及时正确。

（6）抽查一定数量的现金、银行存款的收付款凭证，并与其原始凭证及日记账核对，看其金额、入账时间是否一致。抽查一定数量的银行存款余额调节表，并进行核对。库存现金账面盘存与实地抽查相结合。

4.销售与收款循环相关账户的实质性测试

与销售与收款循环相关的账户包括"主营业务收入""应收账款""其他应收款""应收票据""应交税费""预收账款""主营业务成本""销售费用""营业税金及附加""其他业务收入"和"其他业务成本"等。

（1）应收账款和其他应收款审计。重点审查应收账款有无虚构债权的行为，有无虚增应收账款、虚减存货，造成资产不实的问题。主要商品和劳务的交易通常在应收、应付账款和预收、预付账款中进行核算，反映的内容具有金额大、发生频繁、手续多、外部单位提供原始单据的特点，并且对原始凭证要求极为严格。审查明细账、总账是否相符，账龄分析有无坏账，坏账损失处理检查依据及授权有无弄虚作假，虚减利润。在审计中应特别注意应收款项中的"其他""暂挂款""暂收款""其他科目转来"等二级科目，厘清其核算的具体内容，关注长期不发生增减变化的呆滞往来账项和偶然发生大额往来账项。核对预付、应付有无同时挂账，注意企业在该账户中藏匿潜在亏损。对于数额较大、拖欠时间较长的单位，应询证后予以确认。对于未取"询证函"的款项，应采取替代程序。

（2）主营业务收入审计。重点审查企业是否按照权责发生制的原则，确定当期销售收入，有无故意隐瞒或虚增销售收入，索取产品出库存根，销货发票副本和有关明细账相互核对确定销售收入，注意销售退回折让及折扣批准手续是否合规，处理是否正确。

（3）应交税费审计。重点审查营业税、增值税，应结合销售收入审查，并抽查大额应收账款、应付账款、银行存款、库存现金账户，索取企业年度纳税申报单、企业所得税申报表。

（4）所得税费用审计。重点审查应纳税所得额计算是否正确，并关注调增项目，如超标准交际应酬费、超计税工资支出、非公益性捐赠支出、滞纳金、罚金、罚款等。核实应纳税所得额和所得税税率，并索取减、免税批准文件。

（5）期间费用审计。核实在一个会计期间内发生的管理费用、财务费用和销售费用发生额的真实性和合法性，费用的计提是否正确，费用的归集是否正确，并查明该项费用的归属期是否正确，有无欠亏挂账的问题。

（二）采购与付款循环审计

1. 采购与付款循环审计的目标

采购与付款循环审计的目标是，证实商品采购中应付款项和预付款项的总体合理性、采购业务形成的负债的真实性和完整性、采购与付款入账时间的准确性。另外，固定资产的采购也体现在本循环中，需要证实购入资产的真实性、完整性，计价的准确性，交易的合法性，固定资产折旧方法选择的合规性、计算的正确性。

2. 采购与付款循环内部控制

（1）采购与付款业务中需要进行职务分离的有：①生产和销售对原料、物品和商品的需要必须由生产或销售部门提出，采购部门采购；②付款审批人和付款执行人不能同时办理寻求供应商和索价业务；③货物的采购人不能同时担任货物的验收工作；④货物的采购、储存和使用人不能担任账务的记录工作；⑤接受各种劳务的部门或主管这些业务的人应适当地同账簿记录人分离；⑥审核付款的人应同付款人职务分离；⑦记录应付账款的人不能同时担任付款业务。

（2）货物或劳务的请购。一个企业可以有若干不同的请购制度，对不同的需要有不同的确定和提出请购的方法。一般首先由生产部门根据生产计划或即将签发的生产通知单提出请购单，材料保管人员接到请购单后，应将材料保管卡上记录的库存数同生产部门需要的数量进行比较，当生产所需材料和仓储所需后备数量合计已超过库存数量时，则应同意请购。

临时性物品的购进通常由使用者直接提出，使用者在请购单上一般要对采购需要作出描述，解释其目的和用途，请购单须由使用者的部门主管审批同意，并须经资金预算的负责人员同意签字后，采购部门才能办理采购手续。由同一服务机构或公司提供某些经常性服务项目请购手续的处理通常是一次性的，即当使用者最初需要这些服务时，应提出请购单，由负责资金预算的部门进行审批。确定特殊项目的需要一般由企业最高负责人审批，经其批准后，这些特殊服务项目才能进行。

（3）订货控制。无论何种需要的请购，购货部门在收到请购单后，再最终发出购货订单，都要明确订购多少、向谁订购、何时购货等问题。

（4）购入货物或劳务的验收。货物的验收应由独立于请购、采购和会计部门的人员来承担，其控制责任是检验收到货物的数量和质量。验收部门在货运单上签字之前，应通过计数、过磅或其他方法来证明货运单上所列的数量，并要求两个收货人在收货报告单上签字。验收部门应检验有无因运输损失而导致的缺陷，在货物检验需要有较高的专业知识或者必须经过仪器或实验才能进行的情况下，收货部门应将部分样品送交专家和实验室对其质量进行检验。每一项收到的货物必须在检验以后填制包括供应商名称、收货日期、货物名称、数量和质量以及运货人名称、原购货订单编号等内容的收货报告单，并及时报告请购、购货和会计部门。

（5）应付账款的控制。对应付账款的控制有：①应付账款的记录必须由独立于请购、采收、付款的职员来进行；②应付账款的入账还必须在取得和审核各种必要的凭证后才能进行；③对于有预付货款的交易，在收到供应商发票后，应将预付金额冲减发票金额，再记录应付账款；④必须分别设置应付账款的总账和明细账；⑤对于有折扣的交易，应根据供应商发票金额扣去折扣金额的净额登记应付账款；⑥每月应将应付账款明细账与客户的对账单进行核对。

（6）付款控制。支票准备应独立于采购、付款确认和函证程序，所有付款都应使用事前编号的支票，对已签发的支票应将其原始凭证加盖"已付款"印章，避免重复付款。尽可能使用有安全保障的支票书写器或电脑生成的支票，对于空白支票应安全存放，作废的支票立即注销等。付款前，应复核客户发票上的数量、价格和合计数以及折扣条件等，核对支票的金额，采购和付款应有各自独立的签名，对支票应采取函寄或其他安全方式送交。会计部门及时记录付款业务，定期核对总账和分类账以及日记账，注意应付账款，审查应付账款的明细账和有关文件，以防失去可能的现金折扣。

3. 采购与付款循环内部控制测试

（1）关于请购商品或劳务内部控制的测试。选择若干张请购单，检查摘要、数量及日期和相应文件的完整性，审核核准的证据手续是否完整，有无核准人签字等。

（2）关于订购商品或劳务内部控制的测试。应注意审查订货单的完整性，如编号、日期、摘要、数量、价格、规格、质量及运输要求等是否齐全，审查订货单是否附有请购单或其他授权文件。

（3）关于货物验收内部控制的测试。审计人员应确定购货发票是否与验收单一致，验收部门是否独立行使职责，并编制正确的验收单，查询并观察验收部门在收货时对货物的检查情况，检查验收单按编号顺序处理的完整性，即验收内容填写是否完整，查阅货物质量检验单的内容和处理程序。

（4）关于应付账款内部控制的测试。审计人员应检查购货业务的原始凭证，包括每一张记录负债增加的记账凭证是否均附有订货单、验收单、购货发票，进库原始凭证的数量、单价、金额是否一致，原始凭证上的各项手续是否齐全。应注意现金折扣的处理是否由经授权的经办人按规定处理，测试中可抽查部分购货发票，注意有关人员是否在现金折扣期限内按原发票价格支付货款，然后从供货方取得退款支票或现金，有无丧失了本应获得的折扣的问题。审计人员还应根据付款凭证记录，分别追查应付账款和存货明细账与总账是否进行平行登记，金额是否一致。

（5）关于付款业务内部控制的测试。审计人员可通过查询、观察、检查、重复执行内部控制等措施对有无资金支出进行测试，其步骤与方法如下：①检查合同，审核付款是否经过批准，支票是否与应付凭单一致，付款后是否注销凭单，是否由经过授权批准的人员签发；②检查支票登记簿的编号次序，与相应的付款明细账和银行存款日记账核对，审查其金额是否一致；③观察编制凭证和发票、签发支票与保管支票的职责分配是否符合内部牵制原则；④检查付款支票样本，确定资金支付是否完整地记录在适当的会计期间。

（6）固定资产、在建工程的内部控制测试。预算制度是固定资产内部控制中最重要的部分。审计人员应注意检查固定资产的取得和处置是否均依据预算，对于实际支出与预算之间的差异以及未列入预算的特殊事项，应检查其是否履行特别的审批手续。如果固定资产增减均能处于良好的经批准的预算控制之下，审计人员即可适当减少针对固定资产增加、减少实施的实质性程序的样本量。完善的授权批准制度包括：企业的资本性预算只有经过董事会等高层管理机构批准方可生效，所有固定资产的取得和处置均须经企业管理层的书面认可。审计人员不仅要检查被审计单位固定资产授权批准制度本身是否完善，还要关注授权批准制度是否得到切实执行。

除固定资产总账外，被审计单位还需设置固定资产明细分类账和固定资产登记卡，按固定资产类别、使用部门和每项固定资产进行明细分类核算。固定资产的增减变化均应有充分的原始凭证。对于固定资产的取得、记录、保管、使用、维修、处置等，均应明确划分责任，由专门部门和专人负责。

资本性支出和收益性支出的区分制度：固定资产的处置包括投资转出、报废、出售等，均要有一定的申请报批程序。审计人员应了解和评价企业固定资产盘点制度，并应注意查询盘盈、盘亏固定资产的处理情况。固定资产应有严密的维护保养制度，以防止其因各种自然和人为的因素而遭受损失，并应建立日常维护和定期检修制度，以延长其使用寿命。审计人员在检查、评价企业的内部控制时，应当了解企业对固定资产的保险情况。

在建工程的内部控制包括岗位分工与授权批准、项目决策控制、概预算控制、价款支付控制、竣工决算控制和监督检查。工程项目业务不相容岗位一般包括项目建议、可行性研究与项目决策，概预算编制与审核，项目实施与价款支付，竣工决算与竣工审计。单位应当对工程项目相关业务建立严格的授权批准制度，明确审批人的授权批准方式、权限、程序、责任及相关控制措施，并规定经办人的职责范围和工作要求。单位应当制定工程项目业务流程，明确项目决策、概预算编制、价款支付、竣工决算等环节的控制要求，并设置相应的记录或凭证，如实记载各环节业务的开展情况，确保工程项目全过程得到有效控制。

4. 采购与付款循环相关账户的实质性测试

与采购与付款循环相关的账户包括"应付账款""其他应付款""预付账款""应付票据""固定资产""累计折旧"等。

（1）应付账款和其他应付款审计。审查该科目余额是否正确，查阅债务原始文件，查明长期拖欠货款或其他款项的原因，查阅总账与明细账是否相符。对于账龄较长、数额较大的款项实施函证，注意发现应付账款未标明欠款单位的无主货款，有无利用虚拟货主转移、隐匿实现的销售收入等问题。对于其他应付款中长期挂账的，应查明原因，注意有无收取其他单位回扣等问题。注意核对预付账款、应付账款有无同时挂账、重复付款。

（2）固定资产及折旧审计。重点检查相关的产权证明文件，盘亏、报废核销应取得税务部门的批准文件。检查固定资产盘点与总账、明细账核对是否相符，账实是否相符，固定资产增减计价是否正确，手续是否完备，两类支出划分是否恰当，固定资产折旧计提方法是否适当，有无漏计、漏提，或扩大计提范围，折旧方法有无随意变动的情况。对于房屋、建筑物等固定资产应重点抽查验证。

（三）生产与存货循环审计

1. 生产与存货循环审计的目标

生产与存货循环的审计目标是要证实自己生产的存货成本构成的真实性、成本计算的合理性、成本会计处理的合规性，购入存货成本记录的准确性、完整性以及销售业务的合法性。

2. 生产与存货循环内部控制

生产与存货循环的内容包括生产成本计算和存货的管理。主要涉及计划、仓库、财会、生产、销售、人力资源等诸多部门，与其他"循环—采购"与付款循环、销售与收款循环、薪酬业务循环的内容有一定的交叉。生产与存货循环内部控制的关键点包括以下内容：

（1）根据计划采购原材料。这部分实际包括在采购与付款循环中，生产部门根据生产计划要求采购部门准备足量的原材料。

（2）领料需要编制领料单。生产部门根据生产通知单填制领料单，交仓库领料后，仓库填制领料单并交其中一联单据给财会部门登记存货相关账。

（3）产成品入库。生产车间将完工并验收合格的产品交给仓库，或将半成品交下一生产环节。仓库将出具入库单据给财会部门登记存货账。

（4）核算产成品成本。财会部门根据仓库的入库单、生产车间的材料消耗凭证、生产工人的劳动消耗及其他间接材料，人工核算产成品成本，并与计划或标准成本进行比较、分析。

（5）产成品销售出库。财会部门审核销售单据，仓储部进行备货并出具发货明细清单。

（6）存货的报废核算。核销的过程中应该有相关的批准手续，授权进行。

3. 生产与存货循环内部控制测试

（1）关注存货的安全。审计人员要对存货保管情况进行实地考察，检查领料单、出库单等单据与相应的请领、销货通知之间的一致性。

（2）关注存货记录的完整性、准确和有效性。审计人员要了解企业的盘点制度和结果，盘点是否由内部审计人员进行监督。

（3）关注存货计价。审计人员主要检查存货计价方法是否符合财会制度规定，计价方法发生变化有无批准程序。

4. 生产与存货循环相关账户的实质性测试

与生产与存货循环相关的账户包括"存货""生产成本""制造费用"等。

（1）存货审计。重点对原材料、低值易耗品、在产品和产成品进行审查，审计人员要参与监盘，按一定比例进行抽查。清点验证存货的数量、质量、价格是否真实可靠，审查明细账、总账是否相符，有无账外资产或存货盘亏。对盘亏、毁损、残次、报废检查是否授权并批准，有无随意变换计价方法、调整成本差异率、滥提或少提存货跌价准备以调节成本的行为。检查毁损、报废、盘亏、非应税项目的进项税额转出情况。分析有无虚计产品完工程度，调整完工产品成本的情况。有无故意将固定资产和存货混淆的情况。

（2）生产成本、制造费用审计。重点审查成本开支范围合规性，审查生产成本明细账、制造费用明细账，有无混淆成本支出界线的问题，查明有无乱摊成本或转移成本的问题。

（四）薪酬业务循环审计

1. 薪酬业务循环审计的目标

薪酬业务循环审计的目标是要证实薪酬业务的真实性、完整性、合法性，工资结算的完整性，工资分配的正确性。

2. 薪酬业务循环内部控制

薪酬业务循环内部控制具体包括：①生产部门人员的职工薪酬；②由在建工程、研发支出负担的职工薪酬；③管理部门人员、销售人员的职工薪酬；④企业以其自产产品发放给职工作为职工薪酬的；⑤无偿向职工提供住房等固定资产使用时计提的折旧额；⑥租赁住房等供职工无偿使用按期支付的租金；⑦因解除与职工的劳动关系给予的补偿；⑧企业以现金与职工结算的股份支付，在等待期内的每个资产负债表日，当期应确认的成本费用金额；⑨在可行权日之后，以现金结算的股份支付当期公允价值的变动金额。

薪酬业务的具体内容包括：①向职工支付工资、奖金、津贴等现金及非现金形式工资性支出及从应付职工薪酬中扣还的各种款项（代垫的家属药费、个人所得税等）等；②支付工会经费和职工教育经费用于工会活动和职工培训；③按照国家有关规定缴纳社会保险费和住房公积金，包括金额和比例；④企业以其自产产品发放给职工的核算，支付租赁住房等供职工无偿使用所发生的租金核算；⑤企业以现金与职工结算的股份支付；⑥企业因解除与职工的劳动关系给予职工的补偿。

3. 薪酬业务循环内部控制测试

（1）抽查职工花名册，核对工资单中人员名单与人事档案中的花名册是否一致，以确定领工资人员是否为本单位职工。

（2）检查各项工资、奖金和津贴的发放有无依据和内部核准程序，检查各项代扣代缴款项的计算是否正确。

（3）检查相关的工时记录是否经过批准。各项临时性工资、奖金和津贴的发放应当有内部核准程序，而一些特别支付的项目亦应合并计入个人收入并代扣个人所得税。

4.薪酬业务循环相关账户的实质性测试

"应付职工薪酬"账户下设置了"工资""职工福利""社会保险费""住房公积金""工会经费""职工教育经费""非货币性福利""辞退福利""股份支付"等明细账户。对"应付职工薪酬"账户审计的重点是账户余额是否正确，总账、明细账是否相符；提取各项保险费用种类是否齐全，比例是否在国家规定的上下限之内；对于应该记入该账户的内容是否计入其他账户，有无帮助职工偷逃个人所得税。

（五）筹资与投资循环审计

1.筹资与投资循环的审计目标

筹资与投资循环的审计目标是要证实投入资本的真实性、完整性、合法性，核算的正确性；举债资金的真实性、完整性、计算的准确性；盈余公积的完整性、真实性、合法性及计价的准确性；投资及投资收益的真实性、合法性、完整性与所有权。

2.筹资与投资循环内部控制

筹资与投资循环包含了资金的筹集、使用、取得相关收益、支付相关费用诸环节。具体包括吸收投资时的资本计价、举借债务、借款费用、盈余公积、对外投资及取得投资收益的核算。

3.筹资与投资循环内部控制测试

（1）关注审批环节。审计人员要查阅与筹资业务相关的内部管理规定、贷款合同和记录，贷款应经过相关负责人批准并将贷款用于规定的用途。

（2）关注记录环节。审计人员应重点检查筹资经办人员是否与记录人员独立，了解借款利息计算、记录、复核、支付业务的人员是否合理分工。

4.筹资与投资循环相关账户的实质性测试

与筹资与投资循环相关的账户包括"实收资本""资本公积""盈余公积""未分配利润""长期股权投资""交易性金融资产""持有至到期投资""投资

收益""本年利润""营业外收入"和"营业外支出"等。

（1）实收资本审计。实收资本审计是企业所有者权益审计的组成部分，对明确企业投资人对企业净资产的所有权和企业的清算核查具有重要作用。在国有企业审计中，实收资本审计的重要性尤其突出，这是判断国有资产是否增值、保值的判断基础。实收资本审计要从筹集、核算的合法性、真实性，企业所有权和资本分类的正确性，实物资产投资时资本计价的正确性这几个方面进行审计。国有企业改制、清产核资以及合资经营过程更应注意实收资本的变化情况。

（2）资本公积审计。重点审查资本公积核算是否正确，入账依据是否合规。在此也要注意《企业会计准则》(2006)的变化，如对捐赠的处理。

（3）盈余公积审计。重点审计盈余公积提取和使用是否符合规定，并结合"利润分配"科目进行审计。在这部分审计中注意《企业会计准则》(2006)中已经取消了公益金的计提和核算。

（4）未分配利润审计。重点审查企业利润分配的决议纪要，并关注应由年度税前利润弥补的亏损，应根据各年税务机关核准的应纳税所得额（注意税前弥补期）进行审计。

（5）长期股权投资审计。重点审查对重大投资是否进行可行性论证，投资合同、投资决议文件是否完整、合规合法，审查会计资料与实际投资是否相符，同时审查投资收益，看其股利及股息是否计入投资收益，注意对外投资是否超过净资产的 50%。

（6）交易性金融资产、持有至到期投资及其投资收益审计。《企业会计准则》(2006)将短期投资进行了划分，审计中应注意各科目核算内容的准确性，投资收益确认的时间、金额的合规性。另外还要注意到这些资产是以公允价值计价的，审计时应注意期末计价的准确性及会计处理的正确性。

（7）本年利润审计。重点审查产品销售利润的合规性，验证构成产品销售利润的诸要素（产品销售收入、产品销售成本、产品销售税金及附加、产品销售费用）的真实性。在利润的审计中，应看营业外支出是否符合财务制度规定，有无抵减当期利润，违反营业外支出范围，擅自增加项目，提高开支标准、截留利润的现象。

（8）营业外收入和营业外支出审计。重点审查发生额的正确性，并关注所得税调整项目。应注意以前计入资本公积的捐赠收入、无法支付的应付款项已调整至营业外收入内核算。

第五节　自然资源资产审计流程与技术

"自然资源资产审计不同于一般财政财务收支审计或专项审计，其审计方式主要是依靠审计人员深入湖泊、林地、矿山，从多个现场实地勘查取证，从而了解水、土、气、林、矿等自然资源资产情况。"[①]

一、自然资源资产的审计流程

审计流程是指审计人员在具体的审计过程中采取的行动和步骤。广义的审计流程一般可划分为三个阶段：审计准备、审计实施和审计终结阶段，各阶段又包括许多具体内容。狭义的审计流程指审计人员在取得审计证据完成审计目标的过程中，所采用的步骤和方法。我国审计程序通常包括制订审计项目计划、审计准备、审计实施和审计终结四个环节。

（一）制订审计项目计划

审计机关应根据国家形势和审计工作实际，对一定时期的审计工作目标任务、内容重点、保证措施等进行事前安排，作出审计项目计划。

（二）审计准备

根据审计项目计划确定的审计事项，组成审计组，并应当在实施审计3日前，向被审计单位送达审计通知书。遇有特殊情况，经本级人民政府批准，审计机关可以直接持审计通知书实施审计。上级审计机关对统一组织的审计项目应当编制审计工作方案，每个审计组实施审计前应当进行审前调查，编制具体的审计实施方案。

---

① 李伟红，王琳. 提高自然资源资产审计效率的方法 [J]. 审计月刊，2021（09）：26.

(三) 审计实施

审计人员通过审查会计凭证、会计账簿、财务会计报告，查阅与审计事项有关的文件、资料，检查现金、实物、有价证券，向有关单位和个人调查等方式进行审计，取得证明材料，并按规定编写审计日记，编制审计工作底稿。

(四) 审计终结

审计组对审计事项实施审计后，应当向审计机关提出审计组的审计报告。审计组的审计报告报送审计机关前，应当征求被审计对象的意见。审计机关对审计组的审计报告进行审议，提出审计机关的审计报告。对于违反国家规定的财政收支、财务收支行为，依法应当给予处理、处罚的，在法定职权范围内作出审计决定或者向有关主管机关提出处理、处罚的意见。

综合利用遥感对地观测技术、地理信息系统技术、卫星导航定位技术等地理信息技术，对领导干部在遵守自然资源资产管理和生态环境保护法律法规、完成自然资源资产管理和生态环境保护目标、履行自然资源资产管理和生态环境保护监督责任等方面进行考评，落实领导干部任期生态文明建设责任制和环境保护责任追究制，推进国家治理能力与治理体系现代化建设。

通常的审计程序是按审计计划，成立审计项目组，在通知被审计单位后，通过审查会计凭证、会计账簿、财务会计报告等有关文件、资料，以及现金、实物和有价证券，向有关单位进行审计，在获取证明材料后，提出审计报告 (征求意见稿)。审计报告 (征求意见稿) 经被审计单位提出意见后，按规定程序，经审计机关研究后提出最终审计报告，并作出审计决定或向有关主管机关提出处理、处罚意见。自然资源资产审计流程完全按审计法相关审计程序的要求开展，但不同的是在具体审计过程和获取证明材料等方面。基于地理信息技术的自然资源资产审计主要是通过航空航天遥感影像变化对比检测、地面调查、地理空间分析和行业数据分析相结合的技术手段，明确被审计地区的主体功能定位、自然资源资产禀赋特点、资源环境承载能力等，建立规范化、高效、完整的自然资源资产审计技术流程体系，使自然资源资产审计具有标准的技术规范、统一的坐标基准、完善的操作流程和可靠的证明资料。

二、自然资源资产的技术路线

基于地理信息数据的自然资源资产审计，在审计过程或审计实施中主要经过资料收集、信息核查、对比分析、外业核查和材料编制等步骤。

（一）资料收集

资料收集是审前调查的重要内容。除了通常的会计账簿、财务会计报告、向有关单位和个人调查等资料和方法，自然资源资产审计需要收集各类地理空间数据，主要分为综合性和专题性两类。

综合性地理信息资料主要指栅格数据或综合性的规划、普查、调查等矢量数据。主要包括各级各类单元区划数据（如主体功能区划数据、行政区划数据、保护区界线数据）、数字高程模型数据、植被覆盖数据、可见光波段各级分辨率数字正射遥感影像数据、土地利用现状调查数据、地理国情普查数据、草原普查数据、林地普查数据、区域土地利用总体规划数据、城市（开发区）空间总体规划数据、生态红线数据、流域综合治理现状及总体规划数据等。

专题性地理信息资料主要指针对某一类有关土地、草原、森林、矿产、水资源等方面的栅格和矢量资料。主要包括基本农田调查数据、河道范围数据、规划七线（"红线""绿线""蓝线""紫线""黄线""橙线""黑线"）数据、森林分布数据、草原分布数据、湿地分布数据、地质调查数据、地质灾害点数据、探（采）矿权界址数据、水源地分布数据、取水口分布数据、排污口分布数据、各类工程项目建设方案（空间位置部分）及合成高光谱波段遥感影像数据（大气二氧化硫、氮氧化物）等。

（二）信息核查

根据已收集到的资料，对被审计区域或项目的优势资源和特色资源进行审计核查。核查的目的是利用客观真实的第三方信息源（遥感数据源），对被审计单位或个人提供的资料进行核实，核实其遵守自然资源资产管理和生态环境保护法律法规，完成自然资源资产管理和生态环境保护目标，履行自然资源资产管理和生态环境保护监督责任等方面的真实情况，揭示自然资源资产管理开发利用和生态环境保护中存在的突出问题及影响自然资源和生态环境安全的风险隐患。核查的主要手段是通过专题性资料与综合性资料进行叠加分析，以人工解译或自动解译的方法判断自然资源的现实状况和变化情况。

（1）利用空间数据转换、地物信息空间化、投影变换等工具，对已收集的综合性与专题性资料进行整合处理，实现语义统一、空间参考一致、数据格式标准、图示渲染规范的属性信息，掌握审核资源资产的现状、分布、总量变化等基本情况。

（2）根据确定审计的资源分布情况，利用空间叠加分析、影像卷帘对比等手段，核查资源在空间的分布现状，通过遥感影像历史与近期的对比，发现资源的空间状态和实际变化情况。

（3）将对比审核发现的不符合情况（问题）进行空间定位和标示，通过空间图层的组织方式，对涉及面积、长度、体积等的客观量进行空间计算。另外，在以问题为导向且核查一种资源或种类时，发现其他问题也可进行相关的延伸。

（三）对比分析

信息核查是进行分析与对比的基础。所谓对比分析，就是对信息核查的结果进行分析和复核。由于空间数据的复杂性、多元性，开展对比分析十分必要。在此过程中，对比分析主要包括以下四方面的内容：

（1）对信息核查阶段审计事项中所涉问题中的数量、面积、长度、体积等数据，进行分析对比，避免由于参考系统、数据时相等方面不匹配造成错误或误差。

（2）对所使用空间数据资源的来源、权威性、遥感影像的时相进行对比分析，如在使用空间批量处理指令工具或空间叠加分析工具时，由于系统软件的问题而引起的错误定位、统计失误等。

（3）将核查的结果与被审计单位提供的数据或资料进行对比，从而发现问题和漏洞，找出自然资源管理、监督、决策等方面存在的问题。

（4）基于客观事实，对被审计事项的管理和变化产生的原因进行综合分析，为外业核查和客观评价被审计事项的管理和保护作准备。

(四) 外业核查

在信息核查和对比分析的基础上，在手持卫星定位终端等外业辅助设备的支持下，对审计事项判读或分析中无法确定的资源利用类型边界和地类属性开展实地核实确认，并将外业核实的内容进行标绘和记录。对外业调查与核查结果进行内业处理与整理，形成翔实准确的外业核查信息和证明材料。

外业核查应编制外业核查方案，对核查的内容、数据源、轨迹等作出具体安排。例如，外业核查的数据源和成果的完整性、属性完整性与准确性、文件命名、补测数据的几何精度，外业调查与核查覆盖范围、路线，外业调查与核查的轨迹记录，调查与核查报告的编写等。

(五) 材料编制

根据审计事项和相关方案的要求，对经过信息核查与外业核查的自然资源情况相关审计事项的图件、报告、数据等材料进行汇编。

结束语

    财务管理工作作为行政事业单位日常运行管理的重要组成部分，是行政事业单位规范经济活动和经济秩序的重要方法。政府会计制度的实施可以有效规范行政事业单位的财务管理、预算管理、资产管理、收支管理、政府采购管理及内部审计，是我国行政事业单位财务管理的核心。为保障国家资金安全并有效使用，防范各类财务风险，同时坚持厉行节约的原则，通过收支核算、监督与控制、预算与绩效分析，为行政事业单位在规划、预算、管理、决策等方面提供依据。

参考文献

一、著作类

[1] 李爱华.事业单位预算管理研究 [M].长春：吉林出版集团股份有限公司，2021.

[2] 李霁友.税务审计概论 [M].上海：上海交通大学出版社，2020.

[3] 刘学华.政府会计：行政事业单位会计 [M].上海：立信会计出版社，2020.

[4] 吕翠苹.政府会计：行政事业单位会计 [M].上海：立信会计出版社，2021.

[5] 水文局会计学会.水文事业单位财务工作实用手册 [M].郑州：黄河水利出版社，2014.

[6] 王宝庆，张庆龙.内部审计 [M].大连：东北财经大学出版社，2021.

[7] 王宝庆.内部审计管理 [M].上海：立信会计出版社，2012.

[8] 赵永华，李其海，王青.水利企事业单位财务管理实务 [M].北京：九州出版社，2018.

二、期刊类

[1] 柴美越.内部审计人员的职业道德建设工作研究 [J].现代交际，2016(21)：247.

[2] 陈春芹.新政府会计制度下行政事业单位的财务管理对策研究 [J].中国商论，2019(24)：174-175.

[3] 陈颖超.行政事业单位全面预算管理中存在的问题及对策 [J].中国管理信息化，2022，25(24)：6.

[4] 胡海燕.行政事业单位财务管理若干问题的探讨 [J].中国商论，2019(24)：118-119.

[5] 李伟红，王琳.提高自然资源资产审计效率的方法[J].审计月刊，2021(09)：26.

[6] 刘亚茹.行政事业单位内部控制问题研究[J].财务管理研究，2023(01)：119.

[7] 吕颖菲，黄松.行政事业单位内部审计存在的问题及对策建议[J].商业会计，2020(18)：92-94.

[8] 毛腾飞.行政事业单位内部控制审计概念框架构建[J].中国内部审计，2016(12)：4-7.

[9] 毛燕清.企业财务管理中内部审计人员工作流程研究[J].商，2013(12)：96.

[10] 唐大鹏，常语萱，王伯伦，等.新时代行政事业单位内部控制审计理论建构[J].会计研究，2020(1)：160-168.

[11] 汪思园.刍议我国行政事业单位财务管理的信息化建设[J].中国商贸，2014(3)：156-157.

[12] 伍华林.国有企业领导人经济责任审计相关问题探讨[J].现代审计与会计，2022(12)：9.

[13] 肖新峰.行政事业单位财务管理的重要性与风险控制策略[J].中国商论，2017(16)：86-87.

[14] 闫丽丽.行政事业单位完善财务管理的方法探讨[J].中国商论，2019(7)：145-146.

[15] 杨林雅.新发展阶段行政事业单位内部审计问题研究[J].财会研究，2022(8)：50-53.

[16] 张华官，钱留宽.行政事业单位在建工程账务处理解析[J].预算管理与会计，2022(10)：30.

[17] 张林林.行政事业单位会计核算存在的问题和对策[J].质量与市场，2022(11)：136.

[18] 张楠.加强行政事业单位内部审计整改的建议[J].财务与会计，2022(10)：79.